괜찮아,
나만 그런 게 아니야

괜찮아, 나만 그런 게 아냐

초판 1쇄 인쇄 · 2022년 2월 22일
초판 1쇄 발행 · 2022년 3월 02일

지 은 이 · 나우, 재니, 키위, 훌라
발 행 인 · 황정필
발 행 처 · 실크로드

책임편집 · 이서정
편　　집 · 한석란, 박소민, 윤여진
디 자 인 · 이종헌
마 케 팅 · 황정필
관리·제작 · 김신기, 정지수

주　　소 · 경기도 파주시 문발로 214-12, 3층
전　　화 · 031-955-6333~4
팩　　스 · 031-955-6335
등록번호 · 제406-251002010000035호
이 메 일 · silkroad6333@hanmail.net

ISBN 978-89-94893-46-4 (03800)

책값은 책 표지 뒤에 있습니다.
잘못되거나 파본된 책은 구입하신 서점에서 교환해 드립니다.

괜찮아, 나만 그런 게 아냐

나우, 재니, 키위, 훌라 함께 지음

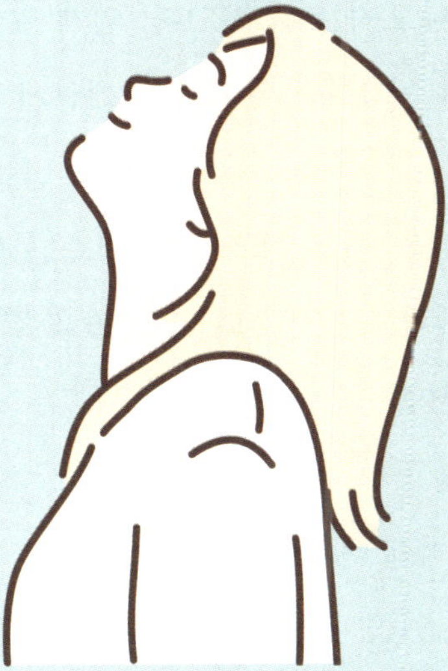

실크로드
silkroad

| 프롤로그 |

'아… 우울하다!' 라는 말을 달고 사는 친구들. 언제부턴가 우울은 청소년에게 당연한 것이 되어 버렸다. 사실 1990년부터 오늘까지 청소년 우울은 계속해서 언급되어오던 문제였다. 청소년의 우울이 계속해서 증가하고 있고, 자해, 자살과 같은 사회 문제들이 심화되고 있다는 것은 뉴스를 보지 않아도 알 수 있다. 또한 2020년 보건복지부 '청소년건강행태조사'에 따르면, 청소년 10명 중 3명이 일상생활을 중단할 정도로 극심한 우울을 겪는다고 한다. 우리는 우울 속에 빠져서 헤어 나오지 못하고 있다. 언제 일어나도 이상하지 않은 우울은 우리와 아주 가까운 일이란 걸 깨닫게 되었다.

거꾸로캠퍼스라는 작은 학교에서, 청소년 우울에 집중하면서 프로젝트와 함께 생각도 깊어졌다. 우울증을 겪은 워크인 팀원 중 한 명은 이렇게 말한다.

"나를 집어삼킬 듯한 우울로 인해 팔을 긋고, 학교를 나가지 않았어. 그런 우울이 이젠 너무 일상적이어서 우울을 끌어안고 살아가."

자신을 옥죄고 있는 우울을 시원하게 떨쳐버리지 못하는 마음은 모두가 알 것이다. 이들에게 평상시란 찜찜한 우울을 안고 살아가는 것이다. 청소년들이 우울을 해결하지 않으면 일상생활에 지장을 겪는다. 일상생활에서의 지장이 다시 우울을 불러일으키고, 결국 우울의 사이클이 손 쓸 수 없을 정도로 심각한 문제들을 발생시키고 있다.

이 문제를 고스란히 맞고 버티고 있는 것은 성숙한 어른이 아닌 청소년이다. 물론 우울은 누구나 느끼는 감정이다.

어른이라고 우울을 해소하는 방법을 아는 것도 아니다. 그렇지만 우리는, 우울이 청소년에게 미치는 영향을 실제로 지켜봐 왔다. 또 주변 친구들에게 우울을 해소하는 방법을 알려주고 싶었다. 그래서 우리는 청소년 입장에서 청소년에게 도움이 되는 우울을 해소하는 방법을 알려주는 프로젝트를 시작하기로 하였다.

지금부터 우리가 하는 이야기는 세상을 바꾸기 위함이 아니다. 그저 주변에서 청소년들에게 공감하며 그들에게 손을 한 번 내밀 수 있으면 좋겠다. 그래서 이렇게 펜을 들게 되었다.

마지막으로 책이 나오게 되기까지 도움을 주신 분들께 감사를 표한다. 흔쾌히 출간을 결정해주신 출판사에 감사드리며, 또 이 글이 나오기까지 전체적으로 프로젝트를 코칭해주신 수선을 비롯한 거꾸로캠퍼스 선생님들, 전문적인 도움으로 생각의 확장을 도와주신 두콩, 줄리, 보드, 조안 등 모든 분께 감사드린다.

워크인

앞으로 등장할 책 속의 저자들입니다. 왼쪽부터 순서대로 리더 훌라,
제작 담당 키위, 디자이너 나우, 마케터 재니가 포함되어 있습니다.
각자의 시선으로 풀어낸 자신만의 이야기를 귀 기울여들어주시기 바랍니다.

차례

1부

일상에서 맞닥뜨린 우울감

1부 일상에서 맞닥뜨린 우울감

겉모습과 속마음 사이에서

속마음 감추기

부모님은 거의 매일 밤 내가 잠들어 있을 때 들어오셨다가 깨기도 전에 일터로 가셨다. 아침에 일어나면 볼 수 없었던 적이 많았고, 간혹 집에 계실 때도 곤히 주무시고 있었다. 그럴 때면 나는 할머니의 손에서 등교준비를 하면서 부모님께 귓속말로 '학교 다녀오겠습니다.'라며 속삭이고 문을 나갔다. 그렇게 맞벌이 부부였던 부모님을 자주 볼 수 없었던 나는 할머니와 모든 일상을 함께했다. 어렸을 때부터 나를 돌봐주셨던 외할머니와의 관계는 부모님보다 훨씬 더 가까웠다.

학교와 집 그 중간에서 하교하던 나를 기다리던 할머니와 "점심은 뭘 먹었는지, 가는 길에 아이스크림을 먹자."는 등 사소하지만 즐거운 얘기로 적당한 관계를 유지했다. 나는 할머니께 가벼운 얘기는 할 수 있었지만, 속상하고 심경의 변화가 있었던 속 얘기는 차마 못했다. 아니 할 수 없었다.

내가 뭐라 말을 꺼내기도 전에 할머니의 한탄 섞인 이야기를 듣다 보면 하루가 다 갔다. 지금 생각해보면 그렇게 속마음 감추기가 시작된 것 같다.

어느 날 하교를 하고 집으로 돌아왔을 때 부모님이 집에 계셨던 적도 있었다. 나는 무척 반가운 마음과 설레는 마음이 교차했지만, 학교에서 있었던 일이나 기분에 대한 근황 토크를 하진 못했다. 부모님께 얘기를 꺼내는 것 자체가 어려웠다. 해본 적이 많지 않아서였다. 어쩌다 엄마가 "오늘 하루 어땠니? 재밌는 일 있었어?"라고 물어보면 나는 우물쭈물 대답했다.

그냥 그랬다고 말이다. 분명 대화를 안 하고 싶은 건 아닌데, 마음속에 빗장이 있는 것처럼 속마음은 잘 나오질 않았다. 대화하는 것 자체가 어색했고 부담스럽게 다가올 때도 있어서 도리어 피하게 되었다. 그랬기에 학교에서 있었던 일들은 모두 마음속으로만 넣어두는 게 익숙해졌다.

그런 나 때문인지 내가 중학생이 된 이후로 부모님은 일에서 나로 관심을 돌리셨다. 처음에는 학부모 독서 모임과 같은 학교 내 여러 모임에 참여했다. 이후엔 나에게 하루의 일들을 물어보기 시작하셨다. 아마도 부모님은 내가 학교에서 느낀 감정이나 기분을 풀어주려는 것 같았다.

처음에는 이런 부모님의 변화를 전혀 눈치채지 못했다. 단지 '요즘 엄마의 모습이 이전과는 다른 것 같은데… ?' 정도였다. 왜냐하면, 학교에서 내가 움직이는 동선과 부모님이 학교에 다녀가시는 동선은 전혀 마주칠 일이 없었기 때문에 부모님께서 왜 내게 그런 질문을 하는지 알 수가 없었다.

그러던 어느 날, 책을 반납하러 도서관을 가다가 독서 모임을 막 마치고 내려오던 엄마와 마주쳤다. 반가움도 잠시 엄마와 마주한 나는 남은 쉬는 시간 동안 질문 세례를 받아야만 했다.

"학교생활은 어떠냐, 친구들이랑은 잘 지내냐, 오늘의 기분은 어떠냐…."

갑작스러운 질문에 당황스러웠다. 마음속에서는 어떻게 말해야 할지, 여러 가지 생각이 왔다 갔다 하는데 나의 입은 "무난하다, 재밌다."라고만 했다. 이처럼 몰랐던 부모님의 작은 행동들이 모이다 보니 나는 부모님이 이전보다 나에 대해 더 신경을 쓰고 계신다는 사실을 알았다.

하지만 나는 이미 마음을 감추는 방법을 알아버렸고 감정표현을 하는 일이 매우 어색해졌다. 그래서 모든 일상에 무뎌진 나는 즐거운 일이거나 속상했던 일이 있어도 그 감정들은 거의 드러내지 않았다. 희로애락에 휩쓸렸던 감정들은 그냥 마음속에서 분해되어 사라졌다고 생각했다. 그래서 부모님 관심은 더 부담스럽게 다가왔다.

되돌아보니 그런 마음이 부모님과의 마찰로 드러났다. 사소하게 "오늘 계획은 뭐니?"라는 질문을 받아도 삐뚤게 받아쳤다. "왜요? 제가 알아서 할게요."라고. 그러다 진로에 대한 주제를 꺼내면 더 힘들어졌다. 서로를 이해하지 못하는 상황에서 내가 원하는 목표를 향해 가는 방법 또한 부모님은 다르게 봤다. 그래서 "뭐에 관심이 있니?"라는 부모님의 질문에 딱딱한 표정과 말투로 "아직 모르겠어요."라던가, "영화요!"라는 단답형으로 대답했다. _ 글: 나우

상처 난 마음 숨기기

초등학교 고학년이 된 후 모든 것이 달라졌다. 호기심을 용기 있게 파헤치고 해결하는 친구들이 좋았다. 그래서 수업을 빠지고, 학교 내 모르는 장소를 알게 된 적도 있다.

이래도 되나 싶다가도 친구들과 함께하는 것이 즐거웠다. 그러다 '뭔가 이상하다.'라는 느낌이 들었고, 무서웠다. 선생님의 말씀에 어긋나는 행동을 하는 것도 점점 큰일이라는 생각이 들어 거리를 두었다. (난 규율이 중요한 사람이라는 걸 처음 느꼈던 것 같다.)

그렇게 휩쓸려 같이 다니던 친구들과 거리를 두게 된 것은 다행이지만 난 그 친구들의 따가운 시선을 감당해야만 했다. 그 시선은 졸업 사진을 찍을 때마저도 따갑고 아팠다. 정말 서러웠고 혼자서 감정을 가라앉힌 후 겨우겨우 촬영을 진행했다. 마지막에 남은 그룹에 속해서 사진을 찍었던 기억이 난다.

너무 속상하고 화가 나고 외로웠지만, 부모님이나 할머니에게 차마 말할 수 없었다. 속상한 마음이 가라앉아 그 상황을 재현하기도 뭐 했다. 부모님과 같이 있을 시간도 별로 없는데, 좋지 않은 이야기를 하고 싶지 않았다. 그렇게 별의별 감정을 속에 담아두고 풀어내지 못했다. 나는 굉장히 불안정했고, 학교에선 감정을 드러내는 것에 부끄러움을 느꼈다. 나중에 이 사실을 알게 된 부모님의 표정은 그 당시의 나보다 더 속상해 보였다. 기분이 이상했다.

하지만 뭐라고 할 말을 찾지 못했고, 감정으로 뒤덮인 마음을 더 깊이 숨겼다. 그러면서 점점 즐거운 일이든 화나는 일이든 혼자서

감정을 풀어내는 일이 많아졌다. 아니 오히려 아픈 감정을 꺼내는 일이 더 어려웠다.

그래서 내게 생기는 감정이 알아서 소멸하는 줄 알았다. 풀어버릴 필요도 없이 잊어버릴 때가 종종 있었기 때문이다. 그렇기에 깊은 생각도 하지 않았고 오감에 대해서도 크게 신경 쓰지 않았다. 마치 무중력 상태에 있는 것과 같은 기분을 느꼈다.

고등학생이 되고 초·중등 때의 나를 내려놓은 뒤에 부모님과 대화를 할 수 있었다. 나의 의지보다는 부모님의 노력 덕분이었지만, 아무렇지 않은 듯 지난 일들을 토해냈다.

"그때부터 친구들이 저랑 거리를 두기 시작했어요. 처음엔 몰랐는데 뒤늦게 그 사실을 눈치챘어요."

말투는 담담했지만, 두 눈에선 눈물이 하나둘 떨어졌다. 부모님은 마치 그 시간을 위로해주듯 잠자코 들어주셨다.

"엄마가 그런 것도 몰라주고… 우리 나우 아주 속상했겠다."

하시면서 꼭 안아주셨다. 등을 쓰다듬어 주시기도 하셨다. 엄마의 품이 이렇게 편안하고 따뜻하다는 걸 새삼 더 느낀 순간이었다.

상처받았던 마음을 부모님께 털어놓고 난 다음부터 부모님은 나를 향한 관심과 걱정을 매순간 하셨다. 함께 대화를 나누다 날카로운 말을 들으시면 몰래 눈물을 흘리기도 하셨다. 그렇게 부모님이 나로 인해 마음을 쓰지 않으셨으면 하는 마음이 생겨났다. 부모님이 나를 생각해주시는 것처럼 나도 부모님을 생각하게 되었다.

나에 대해 지니는 안 좋은 마음이 작거나 없었으면 했다. 상처를 받고 혼자 삭히시는 모습을 보고 싶지도 않았다. 가끔 그 사실을 알게 될 때마다 속절없이 마음이 얼룩졌다.

속상한 마음 때문에 온종일 울렁거리기도 했다. 그래서 간간이 사소한 얘기를 하기도 했지만, 조절했었다. 상처받지 않을 정도의 적당한 대화가 오갈 수 있도록. _ 글: 나우

자존감 낮추기

속마음을 꺼내기 어려워진 나는 생각이 많아졌다. 감정을 보였을 때 보일 다른 이들의 다양한 반응에 긴장했고 하나하나 신경 쓰기도 벅찼다.

"왜 그런 마음이 드니, 어떤 생각을 하고 있니."

질문 세례에 답하기 위해 무수히 많은 생각을 거쳤다. 그러다 보니 나에겐 '적당히 철든 아이'라는 포지션이 가장 편했다. 굳이 나를 설명하고 싶지 않았다. 음식이나 놀러 갈 곳을 정하는 자리에서도 주로 맞추는 편이었다. 그렇게 불편한 마음을 숨기고 내 욕심을 조금만 미뤄 두었더니 배려심 많은 내가 되었다.

그래서 더 편했다. 나라는 사람을 잠시 닫아두었다. 욕심을 줄이고, 감정을 숨기고, 표현을 간소화했다. 신기하게도 마음은 더 가벼웠다. 착하고 신중한 사람이 된 것같은 기분마저 들었다. 순간이 편해지자고 내 마음을 모른 척한 것이다. 남에게 맞춰 주는 일은 쉬웠는데, 정작 나에게 집중하고 표현하는 것은 어렵고 불편했다.

이런 나의 행동들은 사소한 것 하나에 땅굴을 파고 들어가는 습관을 만들어버렸고, 그렇게 굳어졌다. 언제나 행실을 최대한 조심했고, 남이 크게 신경 쓰지 않더라도 내가 잊지를 못했다. 조금이라도 실수했다고 생각되면 어떻게든 사과했다. 카톡 또는 직접 "~해서 미안했어!" 그럴 때면 언제나 상대 친구는 별거 아니었다는 듯 "사과 안 해도 됨. 괜찮아ㅋㅋ." 등등의 답을 해왔다. 하지만 속마음에는 상처가 하나둘 늘어났다.

상처를 받기만 하고 보듬어 주지 않았더니 '나'라는 존재는 점점 작아졌다. 누구보다도 나를 지켜야 할 자신조차 내 마음에 상처를 줬다. 그래서 너무 아팠는데 나는 그 사실조차 인지하지 못했다. 나중에 인스타 피드에서 관련된 글귀가 공감 갈 때, 엄마가 내면의 나를 보라고 할 때 그제야 '내가 아팠구나'를 알았다.

중학생 때부터였다.

'저 친구는 저만큼 했네, 이 친구는 이만큼 했네, 나는 좀 더 해야 하나… .'

앞으로 나아가질 못하는 나를 스스로 자책했다. 성격, 성적, 외모 등등 비교할 대상은 많았다. 비교하지 않으려고 해도 나보다 잘난 사람은 많았기에 나도 모르게 자신을 평가하고 있었다. 학교에서 친구들이 시험을 보고 난 이후 가채점을 할 땐 내 시험지를 숨기기 바빴다. 함께 답을 맞혀보고, 점수를 맞춰볼 때도 끼고 싶지 않았다. 내 점수를 드러내고 싶었던 적은 단 한 번도 없었다. 나는 나에게만 가장 엄격한 사람이었다.

흔히들 부모님 때문에 저렇게 엄격하게 생활하는 것은 아닌지 생각하는데 부모님은 전혀 부담을 주신 적이 없다. 점수보다는 노력하는 모습을 보길 원했고, 높은 점수를 요하는 학교보다는 내가 좋아하는 것을 할 수 있는 학교에 관심이 더 많았다.

오롯이 나만이 나 자신을 과하게 몰아붙였다. 정신적으로 힘들었지만 멈출 수가 없었다. 나마저 놓고 있으면 나태한 내가 경각심을

잃고 더욱 큰일 날 것 같은 걱정이 앞섰다. 아무것도 하지 않고 멍하니 책상에 앉아 있을 때면 더 그런 잡생각이 많아졌다.

즐겨보던 드라마를 잠시 보기 위해 틀다가도 집중력을 흐리는 나 자신 때문에 화가 났다. 그렇게 마음속으로는 끊임없이 다그치면서도 겉으로는 노력도 안 하는 내 모습에 자괴감이 들었다.

또 아무리 움직이려 해도 한참을 앞서가는 친구들의 뒤통수를 보면서 나란히 설 수 없을 것 같은 두려움도 있었다. 그래서 더 여유로운 척했고, 그 순간을 즐기는 척했다.

조급한 마음은 숨기고 친구들에게는 포장된 모습을 보였다. 나의 속 얘기는 하지 않았고, 남의 걱정이나 즐겁고 힘든 얘기를 묵묵히 들어주고 조언이 필요할 땐 최선을 다했다.(부모님께도 이랬나 하는 생각도 문득 든다.) _ 글: 나우

열등감 벗어나기

영화인의 꿈을 갖게 된 것은 중학교 2학년 때였다. 부모님과 함께 영화관에 가서 보았던 <라이프 오브 파이>의 빛이 쏟아지는 듯한 바다 위의 호랑이의 장면은 상상을 넘어 새로운 세계로 나를 이끌었다. 정말이지 영화는 볼수록 재밌고 매력 있는 장르였다. 나의 상상력에 아이디어를 더해주는 듯했다. 특히나 SF영화나 판타지 영화 등의 장르는 여러 상상을 해보기 좋은 소스였다. 그래서 막연하게 가졌던 호기심을 키워 영화인이 되고 싶은 꿈을 꾸게 되었다.

그러나 먼저 관심을 지니고 준비를 시작한 친구들을 만나면서 나는 한없이 초라해졌다. 이미 촬영이나 편집에 소질이 있는 친구들이 수두룩했고 이제 막 시작한 나는 아무것도 아니었다. 내가 겨우 촬영 버튼을 누를 수 있을 때, 그 친구들은 영상 편집을 마무리하고 다른 친구들에게 피드백을 받았다.

나는 부러운 마음 반, 열등감 반으로 그 친구들을 그저 바라보기

만 했다. 그리고 의기소침해진 내 마음은 더 깊게 땅굴을 팠다. 순식간에 비교를 시작한 나는 훨씬 월등해 보이는 친구들의 모습에 기가 죽었다.

학기 말이 다가오고 축제 날이 다가오자 방송반에 다 같이 모였다. 그 친구들은 편집한 영상을 틀었다. 그 당시 유명했던 영화를 패러디하고, 유명 연예인 축전을 받아 영상을 짜깁기한 결과물들이었다. 부장 선배와 나머지 선배들이 "너무 재밌다, 잘 찍었네!" 하는 감탄사가 벽을 넘어 내 마음속까지 울려 퍼졌다.

그러나 편집만으로도 축제의 영상을 만드는 친구들에게는 좀처럼 다가가기 너무 어려웠다. 그래서 나는 다가가고픈 관심을 접었다. 감상을 위해 잠시 영상을 보았을 때 이후론 궁금한 부분을 질문하거나 만드는 모습을 구경하지도 않았다. 그냥 내가 맡은 일에 단 집중하기로 했다.

그렇게 영화 제작에 대한 자신감이 없어져 일단 조용히 영화를 관람하는 것으로 미뤄놨던 것 같다. 제작보다는 관람하고 의도를 찾고 평론을 하는 것에 더 집중하려고 했다. 내 의지였지만, 타인이 개입된 듯한 선택이었다.

그 이후로 대안학교와 일반고등학교, 거꾸로캠퍼스까지 들어오면서 나는 변했다. 직접 영상을 찍고 편집하고 제작한 영상을 다른 사람들이 보면서 즐거워하는 모습에 기분도 좋았다. 친구들이 "맞아 이땐 이랬어."라며 추억을 회상하는 모습은 힘을 더해주었다.

내가 만든 영상으로도 메시지를 전달할 수 있다는 사실이 벅차게 좋았을 뿐만 아니라 자신감도 회복시켜 주었다. 그렇다 보니 나의 관객이었던 친구들의 반응에 덩달아 기분이 업되는 느낌을 계속 간직하고 싶었다.

그 마음이 점점 부풀어 오르는 것이 느껴지자 본격적으로 영화 제작의 길을 걷기로 했다. 하지만, 영상 제작을 하기로 마음을 먹은 후, 걸리는 부분은 한둘이 아니었다. _글: 나우

한계와 마주하기

그냥 영화를 보고 감상문을 작성할 땐 즐겁게 보았던 포인트, 분석이 가능한 구도와 내용적인 면들을 즐겁게 작성했다. 어떤 영화를 볼지 선택하는 과정에서도 취향에 맞게, 또는 새롭게 도전해보는 등 별 부담이 없었다. 하지만, 점점 입시와 연관을 짓다 보니 영화에 대한 나의 초심을 잊어버렸다. 면접에 유리한 영화, 반드시 알고 있어야 할 영화 등 나의 취향보다는 입시 경향에 맞는 영화를 선택했다.

그러다 보니 고전 영화도 봐야 했고, 실험영화도 봐야 했다. 물론 영화를 관람하면서 재미를 찾지 못했던 적도 많았다. 이를 처음 느꼈던 건 영화 〈카사블랑카〉를 보았을 때였다. 영화에 대한 배경 지식도 없었고, 단지 고전에 흑백 영화라는 사실만 인지한 채 영화를 틀었다. 그 결과는 졸음과 싸움이었다.

영화에 조금 집중할 만하면 졸음이 시비를 걸면서 찾아왔다. 그래서 나는 또 싸우다 영화 내용과 장면을 놓치고는 했다. 영화에 대한 기대를 안고 관람을 시작했지만 정작 제대로 영화 한 편을 즐기지 못했다는 사실이 꽤 슬프게 다가왔다.

내가 영화로 입시를 준비하겠다고 마음을 먹었던 건 영화가 가진 면들이 너무 좋아서였다. 또한, 관심이 가는 분야와 내가 잘 맞는다고도 생각했다. 감독의 메시지를 숨겨놓을 수도, 화면을 통해 표현해낼 수 있는 것도 영화이기에 가능하다고 느껴졌고 매력을 느꼈다. 이는 마치 관객과 게임을 하는 것 같기도 했고, 무엇보다 깊이 감정을 나눌 수 있을 것 같았다.

그래서 나중에 업으로 삼게 되어도 꾸준히 해나갈 수 있을 것이라는 믿음이 마음속에 자리하고 있었다. 그런데 영화 한 편으로 그 자신감이 무너졌다. 넘어야 할 고비를 못 넘은 것 같은 자괴감으로 정말 이 길이 나의 길인지 고민하며 깊은 수렁 속으로 빠져들었다.

그렇게 시간이 지날수록 생겨난 우울한 감정은 마치 자연스러운 일상처럼 함께 했다. 삶에 즐거움이 점점 없어지는 것 같았으며 자주 멍을 때렸다. 정신을 차리고 있지 않으면 공간에 외로이 남겨진 듯한 기분을 느끼곤 했다.

비워내기도 전에 차오르는 우울함으로 내 몸이 잠식되는 것 같았다. 하지만 주변 지인들과 함께 있을 때면 해소되기보다 오히려 자

연스러운 겉모습을 보이기 위해 에너지를 사용했다.

반대로 혼자 있을 땐 나의 못난 모습이 오버랩되면서 물먹은 솜처럼 몸을 일으키는 것조차 버거웠다. 살아가는 것조차 버거운 삶이 계속되다 보니 모든 일에 귀찮음도 늘어갔다. 할 일은 머릿속에서만 빙글빙글 돌고 있고, 밖에선 조금이라도 즐거움을 얻기 위해 오만 가지 애를 썼다. _ 글: 나우

내 감정 느껴보기

영화를 좋아하는 사람은 많지만, 영화로 진로를 잡는 건 다른 문제라며,

"좋아하는 영화는 뭐야? 왜 좋아해? 영화를 정말 좋아하는 건 맞니?"

부모님의 걱정과 우려는 나를 완전히 와르르 쓰러뜨렸다. 영화를 좋아하는 마음이 사실은 뭔가 있어 보이려는 것은 아닌지, 마음을 속이고 있는 것은 아닌지, 답답한 마음이 내 전체를 지배했다. 그러면서 점점 영화에 대한 확고한 확신도 사라졌다. 이를 극복하고 다시 일어서고자 관련 서적도 읽고, 다양한 영화도 관람하며, 영상 제작의 기회도 찾아다녔다.

나는 열심히 노력하고 있다고 생각했다. 그러나 '열심히 준비한다.'는 기준이 나와 달랐던 부모님은 '그다지 열정이 보이지 않고 반드시 영화과에 가고 싶은 절실한 마음이 없어 보인다.'는 것이다. 그런 부모님과 나 사이에는 틈만 나면 마찰이 계속 생겼다.

그렇지만 버텼다. 매일 영화를 좋아한다고 되뇌었다. 하지만, 역효과가 났는지 내 안에서 정말 좋아하는 것이 맞는지 헷갈리기 시작했다. 마음에서 우러나오는 것이 아닌 대학을 가기 위해, 이미 정해둔 길이기에, 다른 길로 가볼 생각을 안 하는 것인지, 혼동이 오기 시작했다. 그렇게 또다시 깊은 생각의 늪으로 빠져들었다. 그 안에서 나는 멍 때리기도, 무작정 적어보기도 했다. 희미해진 확신을 다시 찾기란 쉽지 않았다.

그렇게 조금씩 마음속 땅을 파기 시작했더니 굴이 생겨버렸다. 그 굴 안에서 매번 격하게 요동을 치며 움직이기 바빴다. 하지만 겉으로 보이는 나의 모습은 평온 그 자체였다. 누워있고, 앉아서 멍 때리고 있고, 바뀌지 않는 노트북 화면만 뚫어지게 쳐다보는 모습이 다였다.

어린 시절의 영향으로 마음속에서 감정을 조절하는 일이 익숙해졌던 습관은 여기서 나타났다. 부모님의 응원을 받고 싶어졌을 때도 처음엔 방문을 들락날락하며 동태를 살폈다. 하지만 정작 나오시는 모습을 보았을 땐 아무 일 없다는 듯이 방으로 들어갔다. 즐거운 생각에 신이 났을 때도 혼자서 1분도 안 되는 시간 동안 그 열기를 가라앉혔다. 서러울 땐 여운이 오래도록 남아, 단시간 안에 없애지 못하고 혼자서 숨죽여 소리 없이 울었다.

고뇌의 순간에도 밖으로 도움을 요청하기보단 시간이 얼마나 걸리던 혼자서 해결하려 애썼다. 이런 행동들은 내가 점점 감정을 느낄 수 없도록 만들었다. 그랬더니 분명 나에게는 다양한 감정이 있었음에도 점점 어떤 기분이 드는지조차 알지 못하는 사람이 되어있었다.

단순히 슬픈 영화에 눈물조차 나지 않는 나의 모습이 사실은 내 몸에서 보내는 위험신호였다는 걸 눈치 채지 못했다.

부모님은 그런 나를 보면서 무언가 이상하다는 것을 느끼셨는지

다양한 반응을 보이셨다. 화도 내보시고, 타협도 해보려 하시고, 밖에 나가 환기를 시켜보려 노력도 하셨다. 그럼에도 땅굴 속으로 들어간 나의 내면은 밖으로 나오려 하지 않았다.

그런데 나보다 더 나를 걱정하시는 부모님 덕분인지, 어느 날 갑자기 변하려는 마음속 움직임이 느껴졌다. 결국 난 다른 방법을 시도했다. 즐거움을 찾기 위해 영화를 찾아보고, 드라마를 보면서 순간순간의 감정을 느끼려고 노력했다.

중독의 직전까지 도달해있던 나는 여전히 불안정했지만, 감정을 느끼는 건 나에게 맞는 방법이었다. 차츰 여러 즐거움이나 복잡한 감정들도 느끼기 시작했다. 그러다 보니 시간이 지날수록 정주행한 콘텐츠는 늘어갔고, 작품을 바라보고 분석하는 시각도 늘어갔다.

감정을 이해하고 우울을 해결하려던 새로운 시도는 영화를 향한 확신도 되찾게 될 좋은 기회가 되었다. 지금은 취미이자 없어서는 안 될 삶의 낙이 되었다.

지금 생각해보면 내가 미처 인지하고 있기도 전에 내 몸은 알아서 움직이고 있었던 것 같다. 겉으로 만들 수 있는 나만의 공간이 아닌, 내면의 공간이 있었던 것 같았다. 그중에서도 아무도 못 열게 꼭꼭 숨겨둔 일종의 19호실이 만들어진 기분이다.(19호실: 드라마 <이번 생은 처음이라>에서 나온 표현. 나만 아는 내면의 방을 의미한다.) _글: 나우

우울감 빠져들기

한 번은 이유 없이 온몸에서 힘이 빠져, 침대에서 일어나는 것도 힘들어 밥도 거르고, 부모님 질문의 대답도 회피하며 대화를 거부한 적이 있다. 방 안에서 겨우 일어나 의자에 앉으면 아무런 의지 없이 장시간 멍을 때렸다. 아무런 생각도 하지 않고, 멍하니 눈앞을 응시했다. 그러다 보면 주변의 작은 소음조차 들리지 않았다.

이 상태로 한참을 머물러 있다가 다시 정신을 차렸을 땐 뭐라도 해보려고 노트북을 켜거나 책을 펼치지만, 집중이나 몰입은 할 수 없었다. 흥미를 느낄 수가 없었고 의지도 약했다. 그럼 나는 다시 이부자리 속으로 들어갔다. 그리고 또다시 허공을 바라보며 멍하니 누웠다. 이때는 잠도 오지 않고 오롯이 멍한 상태였다. 그러다 티끌만큼 남았던 에너지가 다하면 스르르 잠이 들었다.

나도 모르는 이 상태를 옆에서 지켜보던 부모님은 걱정 반, 의문 반이었던 것 같았다.

'얘가 왜 저럴까? 어디 아픈가? 무슨 일 있나? 생각이 많나? 내가 해결해줘야 하는 것이 있나?'

쉴 새 없이 많은 생각을 하고 계셨던 것 같다. 내가 멍하니 앉아서 아무것도 하지 않는 모습을 보시고

"무슨 일 있니? 할 건 없니? 엄마는 좀 걱정이 된다, 나우야."

말을 건네왔다. 나는 아무렇지 않은 듯 건조하게 "별일 없어요. 괜찮아요."라고 말씀드렸다. 그 후 보게 된 건 답답하면서도 복잡한 심경이 느껴지는 부모님의 표정과 함께 고개를 돌리고 방을 나가시는 쓸쓸한 걸음 소리였다.

내가 왜 이런지 알지도 못하면서 부모님께 별일 없다고 답하던 내 마음은 정말 어리둥절했다. 심지어 어디가 아픈지, 건강상 문제가 생긴 건 아닌지 곰곰이 생각해보기도 했지만 아무리 생각을 해도 답은 나오지 않았다. 워낙 잡생각을 많이 하는 터라 생각을 하는 것엔 도가 텄는데도 답을 찾지 못했다.

그렇게 일주일이 지났다. 평소에 [여유]의 고유 대명사로도 불리는 나였지만, 아무것도 할 수 없는 무기력에 대해서는 무언가 해야 한다고 머릿속에서 비상벨이 계속 울렸다. 그렇지만 겉으론 파김치처럼 널브러져 있는 상태가 대부분이었다.

그러다 갑자기 정신이 들었다. 들게 된 계기도 모르겠다. 한순간에 눈이 번뜩 뜨여지면서 밀린 과제며 허기진 배며 허겁지겁 일상을 보내기 시작했다. 배고프면 밥도 먹고, 급박한 과제는 노동요를 틀어가며 미친 속도로 해나갔다. 그렇게 차츰 일상생활로 돌아오게 되었다.

지금 와서 찬찬히 생각해보면 그때 나는 우울감과 진한 만남을 갖고 있었던 것이 아닌가 생각한다. 그 당시 나는 우울감을 알아보기도 어려웠다. 우울감을 가진 나를 바라보는 건 그 순간에 되는 것이 아니었다. _ 글: 나우

순간적인 우울감 캐치하기

몇 날 며칠을 무기력하게 보내는 경우가 있는가 하면, 짧은 찰나에 우울감이 지나갈 때도 있다. 이런 순간적 우울감(나는 이렇게 부르기로 했다.)은 시간이 많을 때보다는 학교생활을 할 때, 교우 관계를 맺을 때, 주어진 과제를 수행할 때 순간순간 나를 찾아온다. 그럴 땐 잠시 우울감과 마주하며 생활 속에 집중하지 못할 때가 있다.

어느 날은 프로젝트를 하는 팀 내에서 일거리가 할당됐다. 엄연히 파트가 나눠었기에 당연히 맡게 될 과제들이다. 처음엔 아이디어도 마구 떠오르고, 어떻게 해나갈지 구상도 이루어지면서 진행에 활기를 채워갔다. 그렇게 스케치를 해나가던 중 과제의 집중도가 떨어지면서 하기 싫은 마음이 불쑥 찾아왔다. 남들이 보기에는 집중하는 것처럼 보일 순간에도 머릿속은 쉴 틈 없이 외치고 있었다.

'지금 하기 싫어!!' 하지만, 생각을 해보면 내가 맡은 파트를 싫어하는 것도 아니고 제작하는 데 아이디어도 잘 떠올랐다. 그런데 순간의 일태기(일+권태기)는 우울감을 형성한다.

'금방 끝내지 왜 이렇게 질질 끌어? 잘 해낼 정도의 능력이 없는 거야? 다른 할 거리도 태산이잖아, 너.'

그렇게 찾아온 우울감은 내 안에서 자기 비하적 멘트로 나를 또 채찍질했다.

친구와 담소를 나누다가도 우울감이 찾아왔다. 마치 나에게만 보이는 그림자처럼. 친구와 즐겁게 밥 얘기, 팀원 얘기 등등 소소한 이야기를 나누고 있었다. 그만큼 생각 없이 즐겁고 편안한 시간이었다. 그러다 지금 준비하는 입시에 대한 부담감과 준비하면서 느끼는 고단함에 힘든 마음을 풀어내던 중 시간에 대한 조급함이 밀려왔다.

'나 지금 이러고 있어도 되나?'

이런 생각이 문득 들자마자 친구의 이야기에 집중도 못 하고, 대충대충 반응했다. '실기 일까지 며칠 안 남았는데…. 지금도 이론 하나는 더 외우고 있어야 하는데….' 하는 생각도 들었다. 해야 할 것들이 산더미처럼 쌓여있는 기분에 순간적 우울감이 가시질 않았다. 그러다 보니 친구와 이야기를 나누면서 동시에 나의 고민까지 얹어가는 생각의 멀티를 하고 있었다.

순간적 우울감은 잊을 만하면 찾아와서 내 머릿속을 헤집고 떠나는 것 같았다. 한참을 공부하고 잠시 아주 잠시 쉬는 시간에도 갑자기 찾아와 나를 우울하게 만들 때가 있다. 이런 우울감이 잠시로 끝나지 않고 점점 길어질까 봐 경각심이 생겼다.

내 속을 뒤집어 놓은 후 떠나기 전에 조금이라도 일찍 깨닫는 것이 중요했다. 조금이라도 일찍 알아채면 미리 쓸데없는 걱정과 시간 허비를 하지 않을 수 있을까 판단했다.

그랬기에 요즘은 조금이라도 딴생각으로 빠질 때면 순간적 우울감이 올라오기 전에 다른 행동을 취하려고 노력한다.

아무 생각을 하지 않으려 멍을 때리기도 하고, 킬링타임용 콘텐츠를 시청하기도 한다. 그리고도 우울감이 가시지 않으면 보다 적극적으로 긍정맨이 되려는 태도를 보인다. 일종의 현실도피 시도지만 내 주 종목이기에 쉽게 할 수 있다. 가끔은 현실도피도 정신 건강을 위해 좋은 방법이 될 때가 있다. _글: 나우

1부 일상에서 맞닥뜨린 우울감

현실과 나 사이에서

소소한 우울감이 2주 이상이면 우울증?

학교에서 시험을 망친 날, 친했던 친구와 크게 싸운 날, 누군가가 나에게 직접 안 좋은 말이나 욕을 한 사건을 생각해보면 잘 기억이 나지 않는다. 이렇게 큰 사건이 벌어진 적은 일단 올해는 없었다. 1~2년 정도 전에 친구랑 크게 싸웠던 기억은 있다.

곰곰이 생각해보면 극단적인 사건들은 사실 자주 일어나지 않는다. 그렇다고 내가 우울하지 않은 것은 아니다. 다만 그 우울감의 크기는 작고, 주기는 잦다. 이렇게 조금씩 나를 우울하게 하는 이우는 특별하지 않다.

난 주로 배고프면 우울하다. 친구가 갑자기 말을 툭툭 하면 신경이 곤두세워져 이런 사소한 것에 신경 쓰는 내가 싫어져 우울하고, 오늘 입은 옷이 불편하거나 안 예뻐 보이면 빨리 집에 가고 싶어져 우울해진다. 엄마에게 귀찮다는 듯이 말을 하고 나면 후회돼서 우울하다. 비가 오는데 우산이 없으면 우울하고, 안 좋은 꿈을 꾸고 일어나면 우울하다.

근데 그게 새벽 4시쯤이면 더 우울해진다. 해야 할 일은 많은데 하지 않고 유튜브나 보며 하루를 보내면 저녁 11시쯤 우울해진다. 이것보다 훨씬 많은 이유가 나를 우울하게 만들지만 빨리 기분을 풀려고 노력한다.

우울하게 있으면 다른 사람에게 더 피해를 주게 되고, 피해를 준 걸 알게 되면 더 우울해지기 때문이다. 근데 기분을 억지로 풀려고 하면 기분이 풀려도 우울하다. 다른 사람들도 이럴까? 이상한 악순환 같다.

우울증이라는 건 되게 멀리 있는 질환이라고 생각했다. 친구들의 우울을 보면서, 가족들의 우울을 들으면서 그 우울을 해결하기 위해 전문가분들을 만났다. 전문가분은 우울감이 2주 이상 지속하면 우울증이 된다고 했다.

그리고 이런 우울감을 만드는 원인은 일상에서 언제든 일어날 수 있는 일이기 때문에 2주 이상 우울감이 지속하는 건 그리 어려운 일이 아닌 것 같았다. 그래서 우울증을 겪는 사람들도 특이한 게 아니라고 생각하게 되었다. 그리고 내가 우울증에 걸린다고 해도 그냥 우울하다고 넘겨버리고 우울증이라고 생각하지 못할 수도 있겠다는 생각도 들었다.

실제로 지난해 한국에선 10명 중 약 4명이 우울증 또는 우울감을 겪을 정도로 상황이 심각하다. 대한민국 지난해 우울증 유병률은 36.8%로 OECD 국가 중 가장 높았다. 그런데 대한 신경과 학회의 발표를 보니 이렇게 우리나라의 우울증 유병률은 세계에서 가장 높은데도, 우울증 치료에 대한 인식은 가장 낮았다. 이렇게 인식이 낮다 보니 우울증을 앓고 있어도 치료나 도움을 찾지 않는 환자 비율이 전체의 65~75%나 되는 것이다.*

---

* 출처: '한국, OECD 국가 중 우울증 발생률 1위', https://www.hidoc.co.kr/, 2021 .6. 15.

우울증에 걸리는 건 남의 얘기가 아니다. 우린 모두 우울감을 느끼고 이는 자연스러운 감정이기 때문이다. 따라서 우울감으로 힘들어하는 사람은 우리 주변에도 충분히 있을 수 있다. 우선 많은 사람이 자신부터 되돌아보면 좋겠다. 그리고 전문적인 치료나 도움받기를 꺼리지 않는 게 중요한 것 같다. 그러려면 우울증을 너무 큰 질환으로 생각하기보다 감기처럼 자연스러운 질환으로 받아들이는 인식이 필요하다. _ 글: 재니

처음 느낀 우울감, 두려웠다

나는 원래 우울을 당연하다고 여겼다. 내가 우울을 자주 느낀다고 하더라도 금방 없어졌고 그렇기에 우울을 그냥 방치시켜도 괜찮았다. 그래서 우울이 심각해지는 것을 상상하지 못했다, 남들이 우울을 심각하게 받아들이는 것 또한 이해하지 못했으며 우울이 무서운 것이라고 전혀 생각하지 않았다.

그러나 청소년 우울감에 대한 공부를 시작하자마자 하루도 못가서 내 생각은 180도 바뀌었다. 그날은 학부모님들 앞에서 발표하는 날이었다. 많은 어른 앞에서 발표한다는 것만으로도 너무 긴장되어 내 팔목을 꼭 잡고 있었다. 그러자 어느 순간 왼쪽 팔목이 간지럽기 시작했고 큰 긴장감에 손목을 계속 긁었다. 언제 긁는 걸 그만뒀는지 기억이 나지 않는다.

팔목이 시뻘게 된 걸 발견한 것은 발표가 끝난 뒤였다. 모기에 물린 것처럼 간지러웠고 그냥 우발적인 사건으로 생각하고 넘어갔다.

그런데 그날 밤 다시 생각해 보니 자해를 한 것이라고 생각됐다. 물론 칼로 손목을 그은 것은 아니지만 스스로 할퀴면서 안정감을 느꼈다는 점에서 '자해가 이런 거구나' 하는 생각이 들었다.

자해를 했다는 생각이 들자 덜컥 겁이 났다. 자해는 남의 일이라고 생각했고, 나는 괜찮다고 생각했다. 게다가 한 번 우울함이 의식되면서 '이 우울함이 안 없어지면 어떡하지?', '계속 우울함에 잠기면 내가 우울증에 걸린 거 아냐?'라는 걱정도 됐다.

요즘 나는 미래에 대한 고민으로 우울할 때가 많다. 대안학교에 다니다 보니 친구들은 어느새 고등학교 3학년이 되었고, 친구들이 대학 진학을 위해 노력하는 모습들과 친구들 이야기 속에 공감하지 못했던 이야기들이 왠지 모르게 낯설게 느껴졌고 움츠러들었다.

친구들과 있을 때만 그랬던 건 아니다. 혼자 있을 때도 나는 과연 미래에 무엇을 할 수 있을까에 대한 고민이 많다. 하고 싶은 건 있는지, 뭘 잘할 수 있는지, 내가 갈 수 있는 대학은 있을지 확실한 게 하나도 없다.

우울함이 무조건 다른 사람만의 일이 아니라고 생각하니 분명히 조금 무서워졌다. 하지만 우리는 우울감 해소방법을 찾고 있고 내가

우울함을 극복하지 못한다면 그건 너무 우스운 일일 것이다. 그래서 이런 우울함과 그에 대한 공포를 극복하고 보다 실효성 있는 우울감 해소방법을 제시하고 싶다. _ 글: 키위

포기한 꿈 축구선수, 그리고 만난 우울감

2010년 남아공 월드컵 경기로 인해 축구의 매력을 처음 느꼈다. 그 후 나는 매일 축구경기를 하며 행복했다. 축구경기를 하면서 다행인지 불행인지 나에게 재능이 조금 있다는 것을 알았다. 특출난 재능은 아니지만. 지금 생각해보면 그저 우리 동네의 또래 중 눈여겨볼 정도였다. 하지만 어린 나는 그 정도로도 자만심에 빠지기 충분했다. 그런데 지금 축구는 나에게 많은 우울감을 준다.

축구경기를 하면서 내가 소속된 팀은 무조건 이겨야 했다. 땀 흘리며 승리했을 때 그 쾌감이 두 배에 달하는 듯했기 때문에 지는 것을 너무나도 싫어했다. 실수하는 친구가 있으면 대표로 나서서 비난했고, 친구들에게 직접 가서,

"없는 게 낫겠다."

"아니 시발, 하라는 대로만 하라고 해도 그걸 못하냐?"

등 아니 이보다도 더 심한 모욕을 주기도 했다. 그래서 경기 도중

에 팀원들과 싸우는 경우가 많았으며 몇몇 친구는 울기도 했다.

분명히 축구는 운이 따르기도 하는 스포츠이기 때문에 실수도 할 수 있는 것인데 승부욕에 휩쓸려 친구들에게 심한 모욕감을 주는 행위를 멈출 수 없었다. 이런 잘못을 중학생 때까지 깨닫지 못하고 축구경기를 하는 날마다 계속했다. 시간이 흘러 이런 행동이 잘못되었다는 것을 뒤늦게 깨닫고 친구들에게 나의 잘못된 행동을 사과했다.

친구들은 이제야 말한다며 "너랑은 축구 하지 않으려고 했어."라며, "혹시 어쩔 수 없이 하게 되더라도 같은 팀은 정말 하기 싫었다." 라고 속마음을 털어놓았다. 이런 말을 듣자 그때 친구들이 '왜 나를 꺼끄러워하는지' 이해할 수 없었는데, 이제야 퍼즐 조각이 조금씩 맞춰지면서 부끄럽고 수치스러웠다.

이뿐만이 아니다. 나는 프로 축구를 볼 때도 가끔 가슴이 아려오고 우울감이 찾아온다. 과거 나의 꿈이 축구선수였기 때문이다. 그래도 재능이 조금 있었는지 스카우트도 두 번 정도 받은 경험이 있다. 그러나 나는 새로운 환경과 "너 가서 못하면 맞을 수도 있을걸?" 하며 엄마의 장난스러운 말에 덜컥 겁이 나서 축구부가 있는 학교에 가지 않고, 축구를 포기했다.

그렇게 어영부영 시간을 보냈고, 결국 나중에는 늦었다는 핑계와

어차피 망했을 것이라는 위로를 하며 나의 선택을 합리화했다. 그 때문에 가끔 축구경기를 볼 때마다 '나도 저기에 설 수 있었을까?'라는 생각과 그 후에는 자기 합리화, 그리고 나중에 무엇을 해야 하는지에 대한 생각으로 연결이 되면서, 결국 우울감과 만나게 된다.

그렇게 축구는 최고의 흥밋거리였지만 현재 나에게는 우울감을 만나게 한다, 그래도 긍정적인 생각을 하면서 우울감을 이겨내고 있다. 축구선수를 하고 싶다는 생각은 나중에 작은 리그에서라도 뛸 수만 있다면 뛰고 싶다고 나의 꿈을 새롭게 재정립했고, 지난날의 잘못한 행동은 친구들을 만날 때마다 사과하며 풀어가고 있다. 물론 그렇다고 우울감이 완벽하게 해소되진 않았다. 그러나 이렇게 우울감과 직면하면서 해결해나가는 것도 좋은 방법인 것 같다. _ 글: 키위

조급함과 같이 오는 우울감

나는 대부분의 청소년과 다르게 대안학교를 다닌다. 대안학교는 국가에서 학력인정을 하는 학교가 아니다. 나도 고등학교 1학년까지는 일반학교에 다니다가 자퇴라는 큰 결정을 하고 비인가 대안학교로 왔다. 주변에서 많은 사람이 일반적인 학교에 다니다가 왜 굳이 대안학교를 선택했는지 물어본다. 우선 나는 일반 학교에 다니면서 공부를 정말 안 했다.

그래도 중학교 때까지는 공부를 조금 했다. 학생회까지 했으니 학업에 소홀했다고는 할 수 없었지만, 문제는 고등학교 때였다. 담임선생님과의 트러블부터 시작해서 친구들과 몰려다니는 등 나는 공부를 점점 손에서 놓았고, 학교에서 문제아로 분류되기까지 했다. 그러자 우리 부모님께서 심사숙고 끝에 '거꾸로캠퍼스'라는 대안학교를 소개받았다.

소개받은 '거꾸로캠퍼스'는 시험이 없어서 성적에 대한 압박감이 없다는 것과 친구들과 함께 프로젝트 수업을 한다는 것이 인상적이었다. 우리 부모님은 인생의 목표도 없이 공부도 안 하고 허송세월 놀고 있느니 대안학교라도 보내서 인생의 목표를 찾게 해주고 싶으셨던 거 같다. 그렇게 나는 거꾸로캠퍼스 대안학교에 가게 되었고 2020년부터 2021년 지금까지 2년간 다니고 있다. 여기에서는 친구들과 함께 여러 프로젝트를 경험했다. 분명 나는 무언가를 하고 있고, 하고 싶은 것도 분명히 조금씩 찾아가고 있다.

그런데 프로젝트를 진행할수록 점점 조급해지고 우울해진다. 주변의 일반 학교에 다니는 친구들은 공부하고, 대학교 진학을 준비한다. 하지만 나는 대학교, 유학, 취업 등 정해져 있는 길이 없다. 분명 옳은 길과 다른 길을 잘 분별하고 있지만 대부분 친구가 대학 진학을 위해 열 내고, 공부하는 것을 보면 이렇게 프로젝트를 하는 내가 틀린 것은 아닌지 의심이 든다. 또 하고 싶은 일을 찾게 된다면 그것을 하기 위해 또 공부해야 한다는 것이 나를 조급하게 만든다.

왜냐 하면 내가 공부할 때 '남들은 또 나를 앞서가겠지.'라는 생각 때문이다. 그러면 '나의 동갑 친구들은 이만큼 나갔는데 나는 왜 뒤처져 있지?'라는 생각이 꼬리에 꼬리를 물고 나를 더 압박한다. 그래서 우울해질 때마다 나는 '나이는 생각하지 말자.'라는 다짐으로 나를 다시 합리화한다.

하지만 조금만 깊이, 긍정적으로 생각해보면 뒤처지면 뭐 어떻겠는가? 조급하게 나가다가 나중에 무너지는 것보다 조금 늦더라도 내가 하고 싶은 것을 찾고 그것을 이루기 위해서 차근차근 나아가는 게 중요하다고 생각한다. 현재 나는 원하는 직업은 명확하지 않다. '그저 스포츠 구단에서 일하고 싶다.'는 정도만 정해져 있을 뿐이다.

하지만 꿈은 있다. 축구 구단주가 되는 것이다. EPL, 라리가처럼 엄청난 구단의 구단주가 아닌 배우 김수로처럼 영국의 하부리그 구단주도 정말 좋을 것 같다. 이 글을 읽는 사람들도 분명 미래에 대한 고민이 있을 것 같다. 하지만 조급해하진 말자. _글: 키위

1부 일상에서 맞닥뜨린 우울감

가족과 가족 사이에서

우울에게 먹힌 동생

나는 한 살 아래 동생이 있다. 나이는 나보다 어리나 덩치도 크고 붙임성도 좋아 동생 보고 언니냐고 되묻는 경우가 다반사다. 듬직한 내 동생은 우리 집에서 해피바이러스로 통했다. 연년생이라 항상 가까운 친구였고, 라이벌이었다. 별 시답지 않은 것으로 툭하면 싸우다가 동생이 항상 분위기를 풀어줬다. 웃으면서 "우리 왜 이런 걸로 싸워? ㅎㅎ!"라며 털털한 웃음으로 금세 화해를 했다. 무표정이어도 웃는 상이라 얼굴엔 은은한 미소가 항상 떠 있다.

그렇게 햇살 같던 내 동생이 변하기 시작한 건 내가 16살, 동생이 15살 때였다. 팔에서 얇고 빨간 실 자국을 발견하면서부터였다. 자해 흉터였다. 사춘기의 호기 어린 실수일 거라고 믿고 싶었다. 하지만 한번 시작된 자해는 점점 다른 곳까지 채워갔다. 자해는 머나먼 남의 이야기일 거라고, 나와는 아무런 관련이 없을 거라고, 자해를 눈앞에서 만날 일은 없을 거라고 생각했다.

자해는 우울증에 걸려 심적으로 매우 불안한 사람들만 한다고 생각했기 때문이다. 그런데 가장 가까이에 있는 내 동생이, 그렇게 밝고 사랑스러운 내 동생이 자신의 손으로 칼을 들고 팔을 그었다니. 처음 자해를 발견했었을 때를 잊을 수가 없다. 심장이 뛰었다. 동생이 죽음을 생각한다는 것은 나에게 충격이었다.

팔과 다리에 자해 자국이 생기고 난 후에 동생은 예전과 다른 모습으로 변해 있었다. 어떤 말을 꺼내도 툭툭 짜증 내는 말투였다. 웃음 반, 대화 반으로 하던 나와의 관계도 단절된 느낌이었다. 어딘지

모르게 우중충해 보이는 동생을 보고 싶지 않았다. 하루빨리 동생이 동생을 집어삼킨 우울에서 벗어났으면 했다. 스스로 벗어날 수 없다면 언니로서 동생에게 도움이 되는 위치에 있고 싶었다. 그래서 뭐가 우울한지, 왜 그런 행동을 하는지 물어봤다. 마음속으로는 동생이 하는 행동이 단순한 시위일 거라 믿었다.

동생을 우울하게 만들 만한 것이 없다고 내 멋대로 판단했다. 그런 생각으로 대화를 시도하자 대화가 이루어지기가 힘들었다. 항상 맘 같지 않게 싸우며 대화가 끝났다.

"네가 사춘기라서 그래, 도대체 뭐가 우울하기에 가족 모두 힘들게 하냐?"

이런 말로 끝을 냈다.

흔히들 청소년의 우울을 사춘기로 치부하는 것처럼 나도 동생의 우울을 단순히 사춘기로 치부했다. 그런데 자신에게 피를 나게 하는 자해까지 하는 것은 매우 심각했다. 그런 우울을 언니로서, 친구로서 해결해주고 싶었다. 그 당시 내가 한 행동은 전혀 도움이 아니었지만, 지금이라도 우울을 터놓고 이야기하며 해결할 수 있는 실마리를 찾아볼 기회가 있어서 다행이다. 청소년의 입장에서 청소년을, 언니의 입장에서 동생을 도와주고 싶은 마음으로 우울로 인해 힘들어하는 청소년에게 필요한 도움이 된다면 정말 좋겠다.

_ 글: 훌라

우울을 병으로 인식한 가족들

나는 동생이 정신 차려야 한다고 생각했다. 엄마는 문제를 해결해야 한다고 생각했고, 아빠는 동생의 우울을 그저 철없는 행동으로 치부했다. 각자의 시선으로 동생을 바라봤지만, 동생을 도와주고 싶은 마음은 하나였다. 분명 처음엔 그랬다. 언젠가부터 시들어가는 동생을 볼 때마다 나는 동생으로부터 점점 멀어졌다. 멀어지고 싶었던 것일지도 모른다.

걱정하는 마음이 변질했다. 엄마는 동생의 자해 여부를 나에게 물었다. 눈에는 걱정이 한가득 차 있었다. 설령 자해를 봤었어도 입이 떨어지지 않았다. 엄마의 표정에 근심이 깊어질수록, 동생의 자해 자국이 늘어날수록 마음속 깊은 곳에서 동생에 대한 반감이 자라났다. 온몸을 숨도 못 쉬게 덮고 있는 우울을 동생이 얼른 벗어던졌으면 좋겠다는 마음뿐이었다.

처음으로 엄마가 동생의 우울을 벗겨주려고 시도했다. 조용히 동생을 방으로 불러 떨리는 손을 맞잡았다. 혹여나 내가 들어올까 봐 문도 잠갔다. 엄마는 힘겨운 말을 꺼내놓기도 전에 눈물이 흘리며 동생에게 물었다.

"뭐가 그렇게 너를 힘들게 해?"

동생도 마찬가지였다.

"나도 모르겠어."

둘은 그렇게 하염없이 울었다. 엄마는 알고 싶었다. 몸에 스스로 피가 나게 할 만큼 동생을 우울하게 만드는 것이 무엇인지. 그래서 이유를 물었으나 문제는 동생도 원인을 모른다고 했다. 그 사실은 동생을 더 자책하게 했다.

'내가 약하고 못나서 이래, 그래서 우리 가족이 힘든 거야.'

그 당시 동생에겐 이런 생각만이 온통 머리에 차 있었다.

우울을 벗겨주기 위해 노력했던 시도가 수포가 되었다. 얼마 후 동생의 우울을 벗겨주기 위해 온 가족이 비장한 마음으로 다시 모였다. 모두 불편한 마음을 가지고 편한 자세로 방에 둘러앉았다. 가장 먼저 말을 꺼낸 사람은 아빠였다.

"자해는 어디서 배운 거니?"

아빠의 표정에는 날이 서려 있었다. 동생은 당혹스러움과 억울한 표정으로 '자해가 공부도 아니고 어디서 배운다는 거야?'라는 말을 하는 것 같았다. 그런데 나도 아빠처럼 배운 것이라고 추측했다.

동생도 나도 한창 트위터에 재미를 느낄 때였다. 트위터에서 #우울계 #자해계라고 검색만 해봐도 충격적인 게시물이 우르르 올라온다. 실제 팔을 그어서 피가 흐르는 사진, 자해를 마치 취미로 여기는 듯한 글, 심지어는 자해를 선동하는 글까지. 그렇게 유행을 타듯이 혹해서 따라 하는 거라고 생각했다.

동생은 자해한 것보다 들킨 게 잘못인 것으로 느꼈다고 했다. 아빠는 말을 더 이었다. 정확히 어떤 말을 했는지는 잘 기억나지 않지만 "그렇게 해서 사람은 죽지 않는다며, 자신도 죽고 싶었을 때 손목을 돌로 그은 적이 있었지만 그래도 안 죽었다."는 따위의 말들이었다.

그 말은 동생에게 폭탄이 되었다. 정말 해서는 안 될 말이었는데 그때는 나도 아빠의 말에 동의했다. 그 얘기를 듣고 동생은 창문 열고 뛰어내리는 상상을 하고 있었다는 것도 모른 채. 동생과 엄마는 아무 소리도 내지 못하고 울기만 했다. 쏟아져 나오는 눈물을 내버려 둔 채 엄마는 같이 죽자고 했다. 얼마나 힘들게 꺼낸 말이었을까.

그런 말을 꺼내게 한 동생이 더 미웠다. 아무리 피가 섞인 가족이라도 감정까지 공유할 수는 없었다. 가족 모두 동생을 절실하게 이해해주고 싶었지만 그러질 못했다. 나는 그 자리에 내가 어떤 표정

으로 있었는지 기억나지 않는다. 나중에 동생에게 듣길 나 특유의 한심하다는 듯한 표정이었다고, 때리고 싶었다고 했다.

진심으로 미안했다. 과거의 나는 왜 동생을 이해하지 못했을까. 본인도 철없으면서 동생 보고 철없다고 한심하다고 생각했는지.

_ 글: 홀라

무관심, 무대응으로 일관한 아빠

우리 집에서 동생한테 유일하게 아무런 조치도 취하지 않은 것은 아빠였다. 내 딴에는 도움이라고 생각해서 했던(도움도 되지 않았지만) 그런 시답잖은 말에 대해서도 뭐라 대꾸조차 하지 않았다. 딱 한 번 가족끼리 얘기했을 때 '철없어서 하는 행동'이라고 말한 것이 유일했다. 하지만 이러니저러니 해도 걱정되는 마음인 건 다 같았다. 그저 겉으로 표현하지 않았을 뿐이다.

방법에 따라 다르겠지만 겉으로 표현하는 것이 얼마나 큰 위로이고, 걱정을 표현하는 것이 다시 일어날 힘이 될 수 있는지, 당시에 아빠는 잘 모르셨다. 가정의 중심이라는 책임감에 아빠는 모든 일에서 중심을 찾으려고 했다. 자신의 감정마저도. 나에게도 아빠는 큰 감정을 내비친 모습을 보인 적이 손에 꼽았다. 행동과 감정을 크게 내비치지 않는 것이 아빠에겐 가장 익숙한 방법이었다.

그래서 동생과 단둘이 있을 때 우울과 관련된 이야기를 일절 꺼내지 않았고, 먼저 이야기가 나올 때도 큰 관심을 내비치지 않는 척했다. 분명 속으로 마음 졸이고 있었겠지만. 옆에서 엄마가 뭐라도 하려고 했을 때, 내가 얼른 해결하라고 재촉할 때, 아

빠는 그저 가만히 계셨다. 가만히 있으면, 시간이 흐르면 언젠가 그냥 해결될 것이라고 믿고 계셨다. 집안이 비상이 걸릴 만큼의 긴장감 속에서도 아빠는 로봇처럼 좋게좋게 넘어가기를 바랐다. 이렇게 무관심하게 보이는 자세가 동생을 더 자책하게 했다.

동생에게 필요한 것은 따뜻한 위로와 사소한 관심이다. 따뜻한 말 한마디 한마디만으로 충분히 도움이 됐을지도 모른다. 요란하고 큰 사건이 아니라 작은 관심처럼 말이다. 동생에게 주려고 하는 도움이 가족마다 너무 달랐다. 누구 방법이 좋고 누구 방법이 나쁜지는 아무도 모른다. 나는 우리 가족에게 이렇게 묻고 싶다.

'정말 각자의 위치에서 동생이 우울을 해결할 수 있도록 최선을 다했는지? 가족을 살리기 위해서 노력했는지?'

나는 아니었다. 동생이 원하는 만큼의 힘을 보태주지 못했다. 동생은 스스로 우울을 극복해야 했다. _ 글: 홀라

노심초사 초긴장의 엄마

동생이 우울을 잘못된 방법으로 표현하기 시작했던 때부터 엄마는 항상 동생 걱정을 달고 살았다. 엄마와 둘이 있을 때도, 아침밥을 먹고 있을 때도 동생에 관한 이야기를 나에게 물어봤다. 일주일에 한 번은 어김없이 나에게 물었었다.

"네 동생 괜찮아? 잘 돌보고 있는 거지?"

엄마의 이런 질문에 신경이 안 쓰일 수가 없었다. 동생과 평범하게 이야기를 나눌 때도, 학교에 같이 등교할 때도 동생의 일거수일투족이 그냥 편안하지 않았다. 눈길이 갔다. 하지만 그뿐이었다. 도와주고 싶었지만 아무런 도움도 되지 못했다. 나와 엄마는 점점 어두워지는 동생을 속수무책으로 바라볼 수밖에 없었다.

동생의 상태가 어떤지, 기분이 어떤지 알아보는 게 엄마의 일상이 되었다. 혹여 이상한 생각을 하는 것은 아닌지 항상 조마조마한 마음을 가지고 있는 것 같았다. 동생이 어떤 말을 하고 어떤 행동을 하는지 하나부터 열까지 초긴장의 마음으로 바라보는 느낌이었다. 이런 것들이 당연해지기 시작하니, 동생은 점점 더 답답해했다. 말 한마디라도 잘못 꺼낼까 봐 초조해했다.

그리고 그것이 실제로 벌어졌다. 동생이 평소처럼 우울한 모습으로 엄마 앞을 지나가면서 "죽고 싶다."라고 툭 내뱉었다. 모든 것이 갑자기 멈춘 것 같았다. 바쁘게 움직이던 초침마저도 순간 멈춰버린 느낌이다. 동생도 아차 하는 생각이 들었는지 눈이 동그래졌다. 실수로 한 말이라는 게 분명했다. 친구들과는 평범하게 하는 말이었을 것이다.

그런데 초긴장으로 동생을 쳐다보고 있는 엄마에게는 그냥 지나칠 수 없는 말이었다. 엄마는 나를 붙잡고 "15살이 죽고 싶다는 얘기를

하는 게 정상이냐?"라고 물어보셨다. 지금은 '얼마나 걱정이 됐으면 나에게까지 물어보셨을까' 하는 마음이지만 그때는 나도 당황했다.

그래서 태연한 척하며 많이들 그런다고 했다. 사실이다. 어른들이 보기엔 아무것도 모르는 어린 학생이지만 하루에도 죽고 싶다는 얘기를 입에 달고 산다. 심지어는 욕을 붙어서까지. 나 또한 마찬가지였다. 어떨 때는 시험, 어떨 때는 친구, 어떨 때는 가족 때문에 죽고 싶다고 말했다.

그런데 동생을 초긴장 상태로 봐오던 엄마 눈엔 다른 것이다. 엄마의 걱정은 초긴장에서 노심초사로 더욱 심해졌다. 그리고 그 걱정이 점점 원망으로 변했다. 걱정 어린 눈으로 보던 엄마의 눈에 어느새 억울함이 가득했다. 동생의 우울을 고칠 수 없는 병으로 바라보기 시작했다. 괜히 나랑 동생이랑 엄마, 이렇게 셋이 있을 때 자해에 대해 혼을 내기도 했다. 울며불며 "왜 그러냐?"라고 물음 반 애원 반으로 동생의 마음을 움직이려고도 했다. 통할 리 없었다.

엄마는 분명 걱정했던 거다. 위로를 주고 싶었던 것이고. 그렇지만 가족이란 이유만으로 감정이 공유되지 않았다. 도대체 어떻게 동생에게 다가갔어야 했던 것일까? 어떻게 해야 걱정을 위로로 바꿀 수 있을까? 엄마가 했던 걱정은 분명 동생을 향해 있었지만 정작 동생에게는 걱정으로 느껴지지 않았다. 오히려 동생을 숨 막히게 했다.

_ 글: 훌라

공감과 위로보다 반감과 질책으로

우울감에 휩싸인 동생을 볼 때마다 나는 동생으로부터 점점 멀어졌다. 멀어지고 싶었던 것일지도 모른다. 하지만 멀어질 수 없었다. 그렇다고 도움을 줄 수도 없었다. 멀지도 가깝지도 않은 거리에서 동생을 바라보는 일밖에 하지 못했다.

엄마는 나에게 동생의 책임을 물었다. '언니로서' 같은 말을 앞에 붙이며 나에게 동생을 돌볼 책임을 요구했다. 그래서 그런지, 도저히 이해할 수 없어서였는지 모르겠지만 동생의 우울한 모습이 짙어지면 짙어질수록 나는 걱정과 위로가 아닌 반감이 자라났다. 동생이 잘못을 저지른 사람처럼 대했다.

나는 다그쳤다.

"네가 지금 하는 행동들은 잘못된 거야. 그냥 넘어갈 수도 있는 걸 붙잡고 늘어지지 말아."

이런 얘기를 한두 번 하지 않았다. 내 나름 동생이 걱정될 때마다 동생의 기분을 걱정하지 않고 내뱉었다. 그걸 들은 동생은 항상 아주 답답하다는 표정을 하고 있었다. 마치 꼰대를 보듯 나를 쳐다봤다. 그 당시엔 그런 동생을 이해할 수가 없었다. 동생이 짓는 찌푸리는 표정 또한 반항이라고만 생각했다. 동생의 기분 따위 생각하지 않고 항상 내가 행동하고 싶은 대로 행동하기 급급했다.

전에 다니던 학교에서 중국여행을 간 적이 있다. 매우 더운 여름이었고, 오랜만의 해외여행이라 들떠 있었다. 그런데 여행 중에 동생의 발목에 자해 자국을 발견했다. '여기까지 와서' 하는 생각과 함께 갑자기 화가 났다. 동생과 단둘이 있을 때 얘기를 꺼냈다.

"너는 이제 손목으로도 모자라서 발목까지 그어? 어차피 들킬 거 왜 자꾸 그런 짓을 해? 너 힘들다고 티 내고 싶은 거야?"

동생은 나 때문에 중국여행이 나쁜 기억으로 남았다. 하지만 나는 참을 수 없었다. 너무나도 잘 보이는 자리에 자신의 우울을 표한 동생을 이해할 수가 없었다. 실제 그 자해 자국을 본 건 나뿐만이 아니었다.

여행하던 친구들 5명 정도가 같이 있는 장소에서 동생에게,

"너 그거 자해 자국이지, 왜 하는 거야?"

대놓고 물어봤다. 동생은 어이가 없어 기가 차다는 듯이 그 자리를 박차고 나와 버렸다. 나는 그 자리에 없었기 때문에 아주 나중에

듣고 동생에게 이렇게 말했다.

“왜 나한테 얘기 안 했어? 내가 걔네한테 화냈을 텐데.”

그러자 동생이 피식하고 웃었다.

“어차피 언니도 겉으로만 하는 걱정이잖아.”

동생에게 무례한 질문을 한 이상한 친구들과 내가 다를 바 없었던 것이다. _ 글: 홀라

깊은 감정의 골을 넘어서기까지

동생은 꽤 심각했다. 청소년기에 스쳐 지나가는 우울감에서 진보한 우울증이라는 병이었다. 아마 사춘기를 겪고 있어서 그 우울증이 더 예민하게 동생에게 찾아왔던 것 같다. 동생과 비교하면 나는 좀처럼 잘 우울해하지 않는 편이다. 나는 좀 일찍 사춘기가 왔다.

초등학교 6학년에서 중학교 1학년쯤이었다. 그때는 모든 게 싫었다. 친구와 내 모습, 특히 가족. 한창 모든 것을 미워하고 우울해하던 시기였다.

그 시기가 지나고 나서 밤에 잘 울지도 않았고, 축 처져서 우울해지는 일은 거의 없었다. 대부분 나를 우울하게 했던 건 이유 없는 우울이 아니었다. 항상 원인이 있었기 때문에 내가 가지고 있는 문제가 해결되면 저절로 사라졌었다.

그저 일상생활에서 겪을 수 있는 일반적인 우울이었다. 워낙 낙천적인 성격 탓도 있기도 하다. 잠을 자거나, 우울한 노래 몇 곡을 들으면 금세 원래의 내 상태로 돌아왔다. 감기 걸렸을 때 약을 먹으면 하루 이틀 안에 낫듯이 말이다.

그래서 더 동생을 이해하지 못했다. 이해하려는 노력조차 하지 않았다. 외면했다. 나한테도 우울했던 시절이 있었지만 잘 이겨냈다고 생각했기 때문에 동생 또한 시간이 지나면 저절로 지나갈 거라 믿었다. 그리고 동생이 자해와 자살을 생각했다는 것을 알게 된 후로는 동생과 더 멀어졌다. 이전에는 학교에서 만나면 인사도 하며 장난도 같이 쳤지만, 동생이 우울해진 뒤로는 나도 날이 서 있었는지 얼굴만 보면 물어뜯기 바빴다.

나는 동생을 현실에 적응하지 못한 외톨이로 봤고, 동생은 나를 자신을 이해하지 못하는 이기적인 언니로 봤다. '일상에서 작고 따뜻한 관심을 보였으면 얼마나 좋았을까?' 하는 아쉬움이 남았다.

학교생활은 어떻게 하는지, 요즘은 어떤 것이 널 힘들게 하는지, 오늘은 어떤 기분 좋은 일이 있었는지, 이런 사소한 얘기들이 동생에게 도움을 줄 수 있었지만 우리는 그런 얘기들을 시도조차 하려 하지 않았다.

그렇게 서로 이해하지 않으니 감정의 골만 더 깊어졌다. 몇 년 동안은 서로 마음속 깊게 가둬둔 것들을 궁금해하지 않고 일상에 꼭 필요한 것들만 이야기하는 언니와 동생으로 지냈다. 하지만 언제까지고 이렇게 지낼 수는 없었다.

시간이 한참 흐르고 나서야 '언니니까'라는 생각에 내가 먼저 다가갔다. 요즘 학교생활은 어떤지 물었다. 동생은 자신에게 관심이 없어 보이던 언니가 뜬금없이 이런 얘기를 하는 횟수가 늘어나다 보니 어리벙벙해 보였다. 그러면서 서로의 관심사를 조금씩 기웃거리기 시작했다.

그렇게 여러 차례 동생과 관심사를 공유하는 게 익숙해질 무렵부터 초등학생 때처럼 다시 장난을 칠 수 있었다. 아직 어렸을 때니까

겪어보지 않았으니까 이해하지 못했던 것은 당연하다. 서로의 시각이 다를 수밖에 없는 위치에 놓여있으면 더욱 그렇다.

그런데 그런 상태를 그냥 놔두기만 한다면 아무것도 변할 수 없다. 나와 내 동생이 그랬던 것처럼 그렇게 시간만 흘러간다. 진짜 중요한 것을 들여다보려고 노력하지 않는 게 문제였다.

그렇게 살 수는 없었다. 그래서 나에게는 하나밖에 없는 동생이기에 나중에서라도 지나치지 않으려 노력했다. 아주 일상적인 말 한마디로 과거 이야기를 나눴다. 그리고 하나둘씩 공유의 범위를 넓혀갔다. 그런 노력 끝에 서로에게 아주 사소한 것부터 마음속 깊이 감춰두었던 것까지 공유할 수 있는 사이가 됐다. _ 글: 홀라

많이 아팠지? 미안해

이 글을 쓰려면 필요한 것이 두 가지였다. 동생의 허락과 구체적인 상황이다. 혹여 동생이 꺼려 할까 봐 걱정됐다. 조심스럽게 물어봤다. 글로 남기는 것에 대해서는 다행스럽게도 승낙했다. 두 번째로 물어본 구체적인 상황에서는 동생이 조금 망설였다.

"아 PTSD(외상 후 스트레스 장애)가 올 것 같은데."

우스갯소리로 한 말이겠지만 난감함이 묻어있었다. 이내 고민하는 듯싶더니 수락했다. 부탁하는 내가 애처로워 보였나 보다. 그래도 좀 더 자세히 동생의 마음을 쓸 수 있을 것 같아서 고마웠고, 난 안도의 한숨을 쉬었다. 이내 일기 한 편을 찍어줬다. 중학교 3학년 한창 우울이 심할 때 일기였다. 욕이 많아서 순화해서 적었다.

인생이 너무 힘들다. 너무 화나고 가슴이 너무 답답하다. 눈물이 자꾸 나온다. 근데 이번엔 엄마나 언니한테 걸리지는 말아야지. 진짜 너무 울고 싶다. 내가 뭘 그리 잘못했다고. 엄마한테 말하고 펑펑 울고 싶어. 근데 그럴 순 없어. 그냥 죽고 싶어. 신이 있으면 좀 도와주면 어디 덧나나?

당시 16살이 적은 내용이라고 믿기지 않았다. 동성은 그때의 일들과 감정을 하나하나 다 기억했다. 어린아이가 부모님이 싸울 때 1초 단위로 기억을 한다는 게 생각났다. 동생에게는 그만큼 충격적이고 힘들었다는 것이다. 동생이 가족과 함께 얘기하던 상황을 이야기했다. 내 표정, 아빠 표정 심지어는 가족이 어떤 옷을 입고 있는지도 다 기억했다. 그 공간의 공기가 얼마나 숨 막혔을까. 답답한 대화들이 오가는 걸 무슨 마음으로 견디고 있었을까. 감히 나는 상상하지 못했다. 한없이 미안하고 안타까운 마음이 들었다.

동생은 그 시절을 '쪽팔린 시절'이라고 말했다. 참 다행인 건 동생의 우울증이 중학교 딱 그 한때로 지나간 것이다. 가족들이 힘이 되지 못했지만 혼자 이겨냈을 동생이 대견했고 또 미안했다. 그때의 이야기를 들으니 그동안 사과하지 않고 얼버무리며 지냈었던 것이 떠올랐다. 정말 사과를 해야 할 때가 온 것 같다.

그래서 대구에 있는 엄마 친구의 집으로 여행을 갔을 때 '미안하다.'고 진심으로 말했다. 다시 초등학생이 된 것처럼 이불을 펴고 오랜만에 같이 잘 수 있는 밤에 커튼 사이로 밤하늘이 브였다. 내가 동생을 한창 못살게 굴었을 때가 생각났다. 평범한 자매들보다 조금 더 심하게 괴롭혔다. 그건 나도 인정할 만큼 공공연한 사실이었다.

내 중학교 3학년 시절 친구들까지도 익히 알고 있는 사실이니까. 하지만 한 번도 제대로 된 사과한 적은 없다. 없었던 일처럼 넘어갔다. 아니 없었던 일로 넘어가려고 가까이하지 않았고 도망만 쳤다. 더는 도망칠 수 없었다. 내가 행했던 일들이 잘못이었단 걸 안다.

각 잡고 그때 얘기를 다시 꺼냈다.

"내가 너한테 못살게 굴었던 거 기억해?"

당연히 기억하겠지만 괜히 민망해서 그렇게 말했다.

"응 기억해. 그때 나 언니 너무 싫어했어. 진짜 죽어버렸으면 좋겠다고 생각할 정도로."

동생은 덤덤하게 얘기했다. 이런저런 얘기를 나눴다. 명백한 내 잘못인데 왜 그땐 깨닫지 못했을까. 툭하면 때리고 학교에서 욕하고 시비 걸었던 얘기가 허다하게 나왔다.

너무 늦은 사과였지만 동생은 흔쾌히 받아줬다. 그렇게 얘기해주니 더 미안했다. 하지만 마음 한편엔 이기적이게도 그때의 감정이 지금까지 동생에게 영향을 미치지 않은 것 같아서 다행이었다.

나 때문에 힘들었던 동생들의 시간과 감정들은 아무한테도 보상받지 못한다는 게 현실이다. 이번에 우울을 되돌아보면서 알지 못했던 사실, 어쩌면 외면하고자 했던 현실을 마주할 수 있었다. 이렇게라도 용기를 낼 수 있어서 다행이다. _글: 홀라

입시라는 옷을 입고 다시 찾아온 우울

큰 폭풍이 지나가면서 동생과 나는 중학교를 졸업했다. 많이 아프고 힘들었다. 그래서 일반고등학교로 바로 진학하기보다는 지혜롭게 생활에 대한 고민을 해결하면서 학습능력을 키울 수 있는 대안학교를 선택했다. 동생과 나는 열린 교육을 하는 거꾸로캠퍼스에 같이 다녔었다. 그런데 작년에 동생이 일반고등학교로 옮겼다.

동생은 18살 나이로 고등학교 1학년 17살이 적령인 과정을 밟고 있다. 처음에는 동생이 적응하기 쉽지 않을 거라 생각했다. 멀리서 보면 소심하고 가까이서 보면 활발한 성격을 갖고 있어서 일반고 친구들과 잘 어울릴 수 있을지 걱정이 앞섰다. 그래도 동생은 나름의 굳은 의지를 피력하며 일반고등학교로 갔다.

나중에 보니 친구도 잘 사귀고 공부도 열심히 하는 것처럼 보였다. 그런데 오랜만의 입시를 경험 때문인지 거부반응이 일어났다. 동생은 우려했던 친구 문제가 아닌 학업 스트레스로 본모습을 잃어갔다. 꽤 우울해 보였다. 평소라면 인스타그램에 자기 자랑으로 가득 차 있어야 했다.

그러나 '아 인생 왜 그러지 걍 자살할까?' 등과 같은 인생 한탄, 욕이 도배돼 있었다. 우울함과 절망감이 느껴졌다. 엄마도 눈치를 챘는지 나에게,

"동생이 자꾸 죽고 싶다는 얘기를 하는 게 청소년들한테는 일반적이냐?"

그때 그 질문을 또 했다.

자연스럽게 중학교 때 우울했던 동생의 모습이 연상됐다. 엄마의 말에 깜짝 놀란 나는 엄마를 안심시키고, 동생을 멀리서 관찰했다.

많이 우울해 보였지만 나름의 올바른 방법으로 해소하고 있는 것 같았다. 그때와는 다르게. 동생도 그런 과정을 거치면서 성장한 것으로 보였다. 오히려 본인이 우울한 것을 여기저기 다 표출하고 다녀서 동생의 우울이 더 곪지 않았던 것 같다. _ 글: 훌라

어떻게 해야 할까?

엄마는 동생을 위해 최선의 노력을 다했다. 내가 생각했던 것보다 훨씬 많이, 그렇지만 동생이 생각했던 거보다는 적게. 가족들이 동생의 곁에서 겉으로만 위선적인 걱정을 하고 있을 때, 유일하게 능동적으로 도운 사람은 엄마였다.

나는 단순하게 "왜 그렇게까지 하냐?"라고 했지만, 엄마는 동생을 위해서는 무엇이든 다할 수 있는 기세였다. 그렇게 헤매다 아주 가까운 곳에서 도움을 찾을 수 있었다. 집 가까이에 있던 오피스텔에 빨래를 맡기러 가던 길에 우연히 발견한 '심리 상담소', 집 앞에 따뜻한 색과 글씨로 팻말이 걸려있었다.

한번 스쳐 지나간 뒤, 나중에 동생과 엄마가 함께 방문해 상담을 받았다. 그때 어떤 이야기가 오갔는지 나는 자세히 모른다. 하지만 갔다 오고 난 후 동생과 엄마가 조금은 후련해진 상태라는 걸 알았다. 우중충했던 집안 분위기가 한층 가벼워진 느낌이다. 아마 가서 우울증까지는 아니라는 얘기를 들었던 것 같다.

동생은 자신이 우울증까진 아니라는 것에 안도하는 모습이었고, 엄마 역시 안도의 한숨을 쉬었다. 그 후 엄마는 동생과 둘이 있는 시간을 자주 만들었다. 동생이 좋아하는 양념갈비를 먹으러 나간다거나, 둘이서만 당일 여행을 다녀오기도 했다.

동생이 어느 아침, 너무 우울했을 때가 있었다. 그날도 어김없이 학교에 가야 하는 평일이었다. 너무 무기력해서 가기 싫었단다. 엄마는 흔쾌히 "그럼 안 가도 돼."라고 했다. 그러고는 둘이서 학교 대

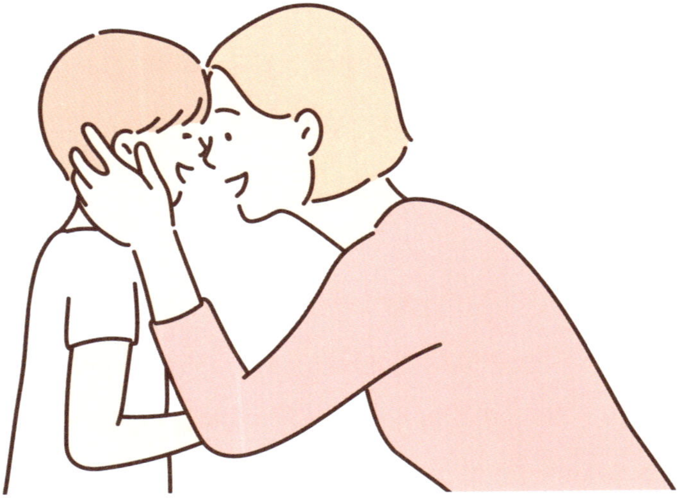

신 놀러 갔다. 아무리 아파도 학교는 꼭 꾸준히 나가라는 엄마였다. 하지만 동생에게 하는 모습을 보니 엄마가 동생을 위해 정말 노력한다는 게 보였다.

동생의 얼굴에 점점 미소가 나타났다. 아무것도 안 해도 기분이 그저 그렇던 동생이 사라지고 있었다. 그렇게 한 달 정도가 지났을까? 어느 순간부터는 둘이 놀러 가는 횟수가 줄었다.

엄마는 그저 일주일, 길게는 한 달 정도만 같이 놀러 다니며 힐링을 하면 괜찮아질 줄만 알았던 모양이다. 동생이 계속 우울해하고 힘들다고 하니까 깊은 한숨을 푹 쉬며 이렇게 말했다.

"너는 엄마가 노력하는데 언제까지 이럴 거니?"

그때 동생은 깨달았다. '엄마한테도 결국 나는 짐이었구나. 빨리 해결할 문제였구나.' 하는 생각이 들었다. 그런 일이 있고 나서부터는 그저 기다림의 연속이었다. 아무도 도움을 주려고 하지 않았다. 그 한 마디로 엄마가 했던 모든 노력이 산산조각이 나버렸다.

아주 의미 없는 일이 되진 않았지만, 동생을 더 아프게 하는 원인이 되기도 했다. 다시 어둡고 무거운. 말 한마디 한마디를 조심할 날들이 돌아오려고 한다. 그런데 그때만큼 걱정되지 않는다. _ 글: 훌라

친구와 친구 사이에서

마음이 우울하면 몸도, 몸이 아프면 마음도

요즘 난 시험을 앞두고 있어서 거의 매일 도서관에 간다. 이번 주말에도 공부하러 아침 일찍부터 도서관에 갔다. 문을 연 지 얼마 안 되었는데 벌써 사람들은 꽤 차 있었다. 내가 좋아하는 자리로 가 앉아 공부할 준비를 했다. 책을 꺼내놓으니 목이 말랐다. 물을 마시고 핸드폰을 보니 알람이 몇 개 와 있었다. 알람을 확인하다가 핸드폰을 계속 의미 없이 보게 됐다.

그렇게 한 시간이 순식간에 흘렀다. 시간을 보고 너무 많이 허비했다고 느껴 다시 책을 들여다봤다. 그러다 다시 핸드폰을 보니 10분밖에 지나지 않았다. 집중하려고 노력했는데 집중이 되지 않아 잠깐 도서관을 돌고 다시 자리로 와야겠다고 마음먹고 일어나 책 사이사이를 구경하며 돌아다녔다.

갑자기 누가 내 어깨를 살짝 건드렸다. 너무 깜짝 놀라 돌아봤다. 낯익은 얼굴이었는데 마스크 때문에 '잠시 누구지…?' 하고 생각했다. 2초 후 바로 은유라는 걸 알았다. 은유는 중학교 시절 내 단짝 친구다. 같은 반이었던 중학교 1학년 때 서로 고민 상담도 많이 들어주고 같이 지내게 되면서 확 가까워졌다.

다른 친구들보다도 조금 더 친하고 서로를 가장 잘 아는 존재였다. 매일 저녁 특별한 이유 없이 만나 걷고, 맛있는 거 먹고, 학교 운동장에서 놀고, 영상통화로 장난치고 그랬다. 중학교 졸업 이후 처음 보는 거였다.

그래서 너무 반가웠다. 잠깐 얘기를 나누려고 했는데 얘기가 끝이 날 기미가 보이지 않고 자꾸 할 말이 떠올랐다. 마침 은유도 공부에 집중이 안 된다고 해서 그냥 오늘은 얘기나 더 하자고 했다. 중학교 때의 감정이 되살아난 기분이었다.

은유는 몸이 많이 안 좋아졌다고 했다. 중학교 때도 자주 아파서 조퇴나 결석이 잦았는데, 요즘은 몸이 더 안 좋아져 처방받은 약이 3개나 된다고. 은유는 몸이 안 좋아지면서 전체적으로 잘 붓는다고 걱정을 더 했다. 듣고 보니 원래는 말랐던 은유가 어느 정도 표준 체형이 되어 보였다.

그런데 이게 살이 찐 게 아니라 부은 거라고 하니 은유의 걱정에 공감했다. 은유는 몸이 아프니 공부도 힘들고 신경 쓰이는 것도 많아서 자기 자체가 예민한 사람이 된 기분이라며 최대한 학교에서 친구와 있을 땐 예민해 보이지 않으려고 오히려 더 오버한다고 했다.

예민해진 것 같은 은유가 크고 잦은 스트레스를 많이 받을 것으로 생각되는데, 친구들 관계에서도 스스로 오버하면서 더 스트레스를 받았을 것으로 생각했다.

그런 이야기를 다 듣고 나니 괜히 미안한 마음이 들었다. 나랑 있을 때도 혹시 그럴 때가 있었나 하는 생각에. 은유는 공부도 열심히 하고 싶은데 몸이 따라주지 않는 것 같고, 친구들이랑 있는 것드 늘 웃으려고 노력하니 더 우울했다. 그래서 오히려 혼자 있는 게 남에

게 에너지를 쓰지 않아도 되고 훨씬 편하고 좋아서 오늘 도서실에도 혼자 왔다.

그런데 혼자 있으니 공부에 집중도 안 되고 딴생각이 들어 가슴이 멍했다. 고등학교 와서 오히려 더 열심히 해야 하는데 혼자만 뒤처지는 것 같고 이런 원인이 다 아픈 것 때문인 게 너무 억울하고 우울하다고.

몸이 아프면 그냥 신체적으로만 힘들 것으로 생각했다. 어느 정도 짜증이 나거나 예민해질 순 있지만 우울해질 정도라고 생각하지 못했다. 난 지금까지 크게 아파본 적이 없어서 그런 것 같다. 어릴 때 딱 한 번 걸렸다는 독감은 기억도 안 나고 평소엔 감기도 잘 걸리지 않는다. 그래서 몸이 아픔으로써 겪는 스트레스는 크게 겪지 않았다. 그런데 은유의 이야기를 듣고 나니 일상적인 생활이나 삶의 질적인 부분에서도 꽤 힘들 것 같았다.

이런 이야기를 나누다가 얼마나 자주 우울한지 물어봤다. 거의 매일이라는 것이다. 그래서 그런지 중학교 때의 좀 더 밝은 은유랑 지금의 은유는 다르다고 느꼈다. 아마 아프면서 우울감이 더 심해진 것 같다. _글: 재니

경쟁 때문에 생긴 우울

중학교 때 나에게 힘이 되어주었던 친구 정연이가 고등학생이 되더니 달라졌다. 정연이와는 중학교 때부터 알고 지냈고, 2학년과 3학년엔 같은 반이 되어 더 가깝게 지낼 때만 해도 언제나 긍정적이고 웃음을 달고 다닌 친구였다.

수행평가도 같이 준비하고, 독서실에서 공부도 같이하고, 힘들면 고민을 언제든지 털어놓을 수 있는 그런 관계 속에서 정연이는 늘 에너지가 넘쳤다. 취미도 비슷해 동아리 신청할 때도 함께 댄스부에 같이 들어갔다. 그렇게 모든 중학교 생활을 함께했다. 그러다 고등학교에 진학하며 공간적으로 멀어졌다.

정연이는 전주에 있는 고등학교에, 나는 서울에 있는 거꾸로캠퍼스라는 대안학교를 오게 되었다. 내가 전주에 있는 고등학교에 진학하지 않고 거꾸로캠퍼스를 선택하게 된 가장 큰 이유는 경쟁 때문이다. 중학교 때 시험기간만 되면 친구들끼리 보이지 않는 경쟁이 너무 힘들었다. 그런데 거꾸로캠퍼스는 소통과 협력을 무엇보다 가장 중요시하는 교육과정을 갖고 있었다.

그런 환경에서 경쟁보다 협력을 배우며 공부하고 싶었다. 그래서 난 이 학교를 용감하게 선택했다. 그렇게 내가 서울에 올라와 있다 보니 정연이와 자주 만나는 것은 당연히 어려웠다. 그렇게 1년 정도를 못 만나다 드디어 정연이를 만났다.

정연이와 만나자마자 그동안 있었던 일, 학교 이야기를 막 쏟아냈다. 그런데 얘기를 나누다 보니 내가 알던 정연이가 아닌 것 같았다. 중학교 때, 정연이는 성실이라는 말이 잘 어울리는 친구였다. 매 수

행평가를 정성스럽게 해내고 시험 기간이 되면 열심히 공부했다. 평소에도 늘 열심히 했고, 지각마저 거의 하지 않았다. 그리고 학교를 좋아했다. 학교에서 하는 공부, 친구들 모두 좋아했다.

그러나 지금 정연이는 학교를 너무 싫어한다. 매일 챙겨야 하는 수행과 시험을 힘들어한다. 정연이는 시험 기간이 되면 공부를 해야 한다는 압박감과 부담감은 커지지만 현실은 침대에 누워서 아무것도 안 하거나 넷플릭스를 본다고 했다.

그러면서 마음 한편으로는 시험에 대한 걱정이 계속 올라오고 다른 한편으로 공부는 하기 싫은 마음, 아니 공부할 수 없는 무기력함이 정연이를 누르는 그런 악순환이 요즘 정연이의 일상이다. 그리고 친구들과 경쟁하는 것도 힘들고, 함께 놀 때도 진짜 친구가 없는 그런 무거운 마음이 정연이를 힘들게 한다.

정연이는 서로 뭐하냐고 물어보면서 얘가 공부하고 있는지, 놀고 있는지를 확인하려고 하고, 필기나 책을 빌려달라는 부탁을 들어주는 친구가 없는 걸 슬퍼했다. 그래서 정연인 고등학교 친구가 가장 오래가는 친구라고 들었는데 이젠 그 말이 틀렸다며 힘들어했다.

모두 다 경쟁의식을 가진 것 같아 진짜 친구가 아닌 것으로 느꼈다. 그 말을 듣고 있자니 너무 슬프고 숨 막힐 것 같았다. 공부도 중요하지만 소중한 학창 시절과 친구들 간의 관계가 '성적' 이것 때문에 모두 망쳐버린 것 같다.

이런 정연이의 이야기를 듣고 많은 생각이 들었다. 난 일반고에 다니는 친구들의 상황을 잘 알지 못했다. 그냥 중학교 때와 비슷하게 친구 고민이나 성적의 고민이 있다는 것 정도로 예상했는데 이 정도일 거라고는 알지는 못했다. 하지만 이렇게 정연이의 이야기를 듣고 나서 정연이의 우울은 일반고에 다니면서 더 크게 자란 것 같다. 어쩌면 정연이뿐만 아니라 다른 친구들도 비슷한 고민을 갖고 우울할 것 같은 생각이 들었다.

실제 통계부에 따르면, 현재 우리나라의 고등학생 수는 130만 명이라고 한다. 이렇게 많은 학생 중 우울감을 느낀 학생은 25.2%인 약 30만 명 이상이다. 이렇게 많은 학생이 우울감을 느끼고 있다면 도움이 필요하다고 생각했다. 그리고 우울감을 느껴도 기댈 곳이 없다면 심적으로도 더 힘들 것 같다.

아마도 이런 기댈 곳 없는 상황이 친구들을 힘들게 하고 더 우울하게 만드는 상황인 듯싶다. 서로 입시, 공부, 성적 때문에 힘들지만 더 힘들게 하는 것이 바로 옆에 있는 친구가 될 수 있다는 게 너무 슬펐다. 그래서 이런 현실을 완전히 바꾸지는 못해도 도움을 주고 싶다. _ 글: 재니

친구일까? 경쟁자일까?

정연이는 순간순간 자신의 변화에 당황했다. 저번 시험 기간의 일이었다. 시험 전날 친구가 아파서 학교를 빠졌다. 그런데 '진짜 아픈 거 맞나? 그냥 혼자 공부하려고 결석한 거 아니야?'라는 생각이 무의식적으로 슥 들었다.

이렇게 생각한 정연이는 '내가 무슨 생각을 하는 거야?' 하고 죄책감이 들었다. 아프다는 친구를 의심한 것도 그렇고, 설령 진짜 아프지 않았더라도 걱정이 먼저인데 경쟁자로만 의식하게 된 자신이 당황스럽고, 어쩌다 이렇게까지 됐는지 너무 싫었다.

쉬는 시간 눈앞에서 열심히 공부하는 친구들이 보일 때, 자려고 눕는 순간 친구의 열품타는 아직도 끝나지 않았을 때, 공부도 잘하고 진도도 빨리 나가는 학원 친구를 볼 때, 같은 문제를 훨씬 쉽고 빠르게 푸는 친구가 있을 때, 많이 놀고 공부도 안 하는 듯한 친구가 점수는 더 잘 나올 때, 한 문제 차이로 등급이 낮아질 때, 정연이보다 더 잘하는 친구한테 선생님들이 더 많이 알려주고 애정을 보일 때, 정연이는 자괴감이 들고 공부에 대한 마음이 떨어졌다.

정연이는 이렇게 열심히 해도 결국 저 친구를 이길 수 없는데 무슨 의미일까? 난 이렇게 열심히 하는데 왜 오르지 않고, 저 친구는 놀면서 하는 것 같은데 왜 더 오를까? 이런 생각들이 계속 들어 더 힘들어했다. 고1에는 경쟁자로 의식하는 친구들을 보며 어차피 친구고 한 고등학교 안에서 경쟁해봤자 무슨 소용일까. 그냥 잘 지내는 게 서로 더 힘이 되고 좋은 거 아닐까? 라고 생각했다고 한다. 하지만 이젠 저런 생각들로 늘 스트레스를 받는다. 그러면서 친구를 경쟁자로 의식하는 스스로가 너무 싫고 힘들다.

이렇게 경쟁하며 스트레스받고 그런 게 진짜 나를 위한 성장이고 공부일까? 이렇게 내 마음의 그릇이 조금씩 작아지고 남을 경쟁자로만 의식하고 자꾸 누군가와 비교하게 되고 이런 게 진짜 정상일까? 다들 이런 것으로 스트레스받고 힘들어하는데 이런 게 진짜 교육일까?

공부는 나와의 경쟁이지 내 옆자리의 친구와는 좋은 교우 관계를 맺어야 한다는 선생님의 말, 하지만 수업 시간엔 네가 옆에 친구보다 못한다는 비교의 말. 이런 곳에서 어떻게 3년을 버틸 수 있을까? 작년 고1 때 이런 생각까지 했다. 그리고 지금, 고2 여름에 똑같은 생각을 하고 있다. _ 글: 재니

사라진 의욕, 걱정이다

사실 정연이는 친구들 사이에서 손에 꼽히는 좋은 친구다. 밝고, 성실하며, 착하다는 이야기는 매번 듣는 친구다. 친구들 간의 관계도 좋고 모두에게 좋은 평가를 받으며 예쁘고 뭐든 열심히 하는 친구가 바로 정연이다.

반면에 난 수행평가 같은 건 챙기기 귀찮아했다. 그런데 정연이와 함께 다니며 정연이의 좋은 영향을 받았다. 같이 수행평가 준비도 하고, 더 잘할 수 있게 노력하고, 서로 모르는 점은 열심히 알려줬다. 선생님들께 예의도 바르고, 인사도 잘하는 정연이를 보며 나도 더 좋은 사람이 되려고 노력했다.

배울 점이 많았다. 이뿐만이 아니다. 우린 같이 있으면 이야기가 끊이질 않았고 무슨 이야기든 꺄르르하며 늘 즐거웠다. 그리고 시험기간이 되면 같이 독서실에 다녔다. 서로 열심히 하면서 문제도 내주고 모르는 건 알려주고 그랬다.

독서실의 공간 중 개인 공간이 아닌 함께 공부하는 공간이 있었다. 거기서 같이 공부할 때도 많았고 주말엔 같이 밥 먹고 공부하는 게 일상이었다. 가끔 집중이 안 될 땐 밖에 나와 카페를 가거나 편의점을 가거나 학교 운동장에서 같이 운동도 했다.

가장 기억에 남는 건 밖에서 컵라면을 먹었던 일이다. 그리고 그런 과정들을 영상으로 찍어 많이 남겼었다. 그때의 영상을 보면 계속 웃음소리가 들려 지금 다시 봐도 입가에 흐뭇한 미소가 저절로 핀다.

그러나 정연이는 이젠 정말 다신 오지 않을 순간이라고 아련해했다. 할 수만 있다면 중학교 3학년 때로 딱 하루만이라도 돌아가고 싶어 했다. 가끔 연락이 닿으면 중3 때가 그리워진다는 말에 난 그저 나와 추억을 아름답고, 소중하게 기억하고 있다는 뜻으로만 받아들였다.

사실 지난번 정연이를 만났을 때도 예전과 너무 달라 깜짝 놀랐다. 그때는 아무 말만 해도 까르르거리던 친구가 웃음을 잃은 것 같았고 어딘가 지쳐 보였다. 그리고 원래 운동이나 걷는 것도 무척 좋아하고 춤추는 것도 좋아했었다. 댄스동아리도 같이하고, 점심시간만 되면 같이 무용실로 가서 춤추고 매사에 신나고 재미있었다.

그런데 지난번에 만난 정연이는 움직이기도 별로 좋아하지 않고 뭐든 의욕이 없어 보였다. 그리고 평가하는 건 좋지 않지만, 저번과 달리 조금 더 통통해진 것 같았다. 그리고 많이 웃지도 않았다. 만났을 때 티를 내진 않았지만 오면서 걱정됐다. _글: 재니

아무것도 할 수 없는 막막함

친구들과 수다 떨기는 아주 어렸을 때부터 좋아했다. 중학교 땐 점심시간만 되면 같이 밥을 먹고 매점에 꼭 들러서 녹차 아이스크림을 하나씩 손에 들고 운동장 옆 벤치에 앉았다. 그렇게 다 같이 수다도 떨고 사진도 찍고 가끔은 운동장 트랙도 돌면서 끝이 없는 이야기를 한없이 주고받았다.

어떨 땐 연애 이야기, 어떨 땐 학원 이야기, 어떨 땐 가족 이야기로 그리고 우리가 늘 함께 생활하는 학교 이야기로 마음을 나누었다. 수업시간에 친구랑 쪽지를 돌리다가 선생님께 들켰던 이야기, 세은이와 민경이가 싸운 이야기 등등 되게 많은 이야기가 친구들과 나 사이에 있었다.

그러나 시험 기간만 되면 거의 우울한 이야기만 했다. 시험공부는 진짜 하기 싫다거나 공부를 아무리 해도 성적이 안 오른다거나 하는 이야기다. 친구들의 이야기를 잘 들어줬던 나는 많은 친구의 고민을 들었다. 그리고 그 친구들에게 최대한 도움을 주기 위해 노력했다.

난 그 친구들의 이야기를 자세히 듣고 나라면 어떻게 했을지, 어떤 방법들이 있는지 고민하고 친구들에게 도움이 되었으면 하는 마음으로 최대한 구체적으로 열심히 말했다.

정연이를 만났을 때도 그랬다. 무조건 대학을 가야 한다는 압박감과 함께 흔히들 말하는 좋은 대학에는 못 갈 것 같은 걱정. 그러면서 어느 대학 무슨 과를 가야 하는지 진로를 찾으며 고민했다. 현실적으로 내가 알고 있는 범위 안에서 위로하려고 했다.

우선 어느 대학 그런 거 너무 걱정하지 말고, 꼭 대학을 안 가도 우리가 행복해지는 방법은 많으니까 마음의 여유부터 챙기라고 했다. 학교로 너무 스트레스를 많이 받는 정연이에게 도움이 되고 싶었다.

이렇게 고민이나 우울한 일이 있을 때면 같이 공유하며 정연이의 고민을 덜어주려고 애썼다. 그럼에도 내가 줄 수 있는 도움은 한계가 많았다. 바로 학교 자체에 관한 거다. 친구가 경쟁자가 되고, 사교육 없이 성적 올리긴 너무 어려운 현실이고, 학교 선생님들조차 학생을 서열화할 수밖에 없는 '생기부'라는 것 때문에 정연이는 학교

생활 하나하나가 지뢰밭 같아 매사 모든 것에 최선을 다해야 한다는 압박감으로 힘들어했다. 정연이에게 뭐라 위로의 말을 할 수 없었다. 내가 그런 학교 자체를 바꿀 순 없기에 도울 방법도 찾을 수 없었다.

그런데 그런 환경을 피해 정연이와 다른 선택을 했던 나로서는 할 수 있는 게 딱 한 가지뿐이었다. 내가 다니는 거꾸로캠퍼스에 대한 이야기였다. 난 너무 만족하고 있기에 정연이에게도 알려주고 싶었

다. 경쟁보다 내가 좋아하는 일을 찾고 함께 해결방법을 찾는 학습 방법이 너무 좋았다. 그래서 우리 학교에 관련된 영상을 보여주고 궁금해하는 부분에 답해줬다.

그리고 꼭 우리 학교에 같이 왔으면 좋겠다고 했다. 정연이는 내가 너무 좋아하는 친구라서 같이 학교에 다니고 싶었다. 하지만 정연이는 여러 현실적인 제약도 그렇고 아무래도 자퇴를 하고 우리 학교에 오는 건 큰 결정이니 쉽게 결정하지 못했다. 정연이의 선택도 좋은 선택일 수 있다. 하지만 이런 고민을 하는 건 정연이뿐만이 아닐 것이다. 그래서 이런 환경을 바꾸거나 도울 수 없다는 점이 안타까웠다. _글: 재니

고민을 가십거리로 삼는 그 친구, 정말 힘들다

원래 정연이는 사람들을 좋아하고 누구와도 잘 지냈다. 친구들의 이야기도 잘 들어주고 자기 얘기도 많이 해줬다. 그러면서 친구들과 관계를 유지하는 정연이를 보면 많이 부럽기도 했다. 다른 사람에게 내 이야기를 잘 못 하는 나와 달라 신기하기도 하고 닮고 싶기도 했다. 그러나 요즘 정연은 친구들에게 자기 이야기를 잘 안 한다. 별로 하고 싶은 마음이 없어졌다. 이런 정연이의 변화에 난 좀 놀라웠다. 그렇게 단호하게 말하는 모습은 몇 번 보지 못한 모습이었기 때문이다. 왜 정연이가 이렇게 달라졌는지 궁금해졌다.

정연이가 친구관계에 대한 회의감을 갖게 된 것은 고등학생이 되고부터다. 그 이유는 자신의 고민이나 약점을 말하면 도움을 받기는 커녕 나중에 약점이 되어 후회하는 일이 생기면서부터다. 큰마음을 먹고 고민을 얘기했는데 딱히 공감을 얻지도 못하고 오히려 다른 친구들한테 내 고민을 이야깃거리로 삼아 안 좋게 전한다거나, 나한텐

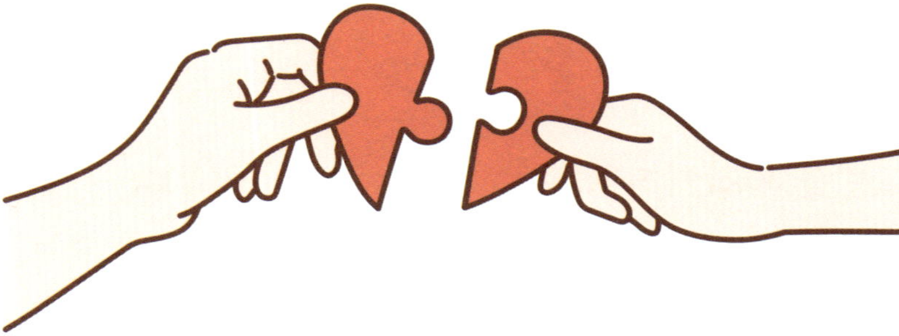

심각한 고민이고 걱정이었는데 그걸 흥밋거리로 치부하는 모습을 볼 때는 괜히 말했다는 생각에 후회가 된다.

그래서 몇 번이고 말하기 전까지 여러 번 고민하다가 그래도 친구를 믿고 말을 하면 원하지 않았던 친구의 모습이 보여 오히려 찝찝해지기가 일쑤다. 그래서 말하기 전까지 스스로 말할지 말지 고민한 시간, 말한 순간, 말하고 난 후 모두 내 에너지를 그 친구한테 말한 것에 뺏기는 듯했다. 그래서 짧게는 종일, 길게는 며칠 동안 신경 쓰여 정연인 스트레스만 쌓여간다.

"정말? 누가 그랬는데?"

이유도 궁금했고, 정연이의 마음도 풀어주고 싶었다. 정연이는 한참을 생각하다 봇물이 터지듯 말했다. 정연이와 서로 좋아하고 있는 승준 선배에 관해 친구에게 조심스럽게 믿고 얘기를 했었다. 서로

호감이 있던 상태였고, 보통 이런 관계일 때 친구들끼리 연애 이야기를 많이 하면서 조언도 듣고 상대 이성의 마음도 살필 수 있기에 당연히 정연이도 친구를 믿고 이야기를 했다.

주말에 만나서 같이 데이트한 이야기, 서로 연락하면서 있던 이야기, 정연이는 이런 이야기를 하면서 승준 선배와의 관계에 대한 고민도 꺼내놓고 앞으로 어떻게 관계를 이어나갈지 도움도 얻고 싶었다.

그 오빠는 고3이고 자신도 이제 내년이면 고3이기 때문에 서로 방해가 되지 않을까 하는 고민으로 망설여지는 현실을 감안해서 벌써 고백을 하면 고민이 될 것 같다고 했더니 정연의 친구는 질투가 났는지 그냥 자기 맘대로 "정연이가 그 오빠를 좋아하는 마음은 있지만 사귈 마음이 없구나."라고 단정을 지어 답했다.

그리고 다른 친구들에게 정연이가 그렇다고 떠들고 다녀서 정연이는 매우 난처한 상황에 부딪혔다. 정연이는 이런 곤란한 상황 때문에 쓰지 않아도 될 에너지를 많이 쓰게 되고, 다른 친구들에게는 사실이 아니라고 해명해야 했다. 그런 일을 한번 겪고 나니 스트레스가 말로 표현할 수 없이 많았다.

앞으로 그 친구와는 겉으로는 웃는 척하며 잘 지내지만, 속 이야기나 고민은 절대 얘기하지 말아야겠다고 마음먹었다. 그런데 조심에 또 조심하는 가운데에도 그 오빠에 관한 이야기가 불쑥 나오면 그 친구가 또 어떻게 생각할지 더 많은 고민을 하게 되고 그런 일들이 몇 차례 반복되니 그 친구에게는 솔직할 수 없었다. 이렇게 다른 해석을 하고 말하는 것뿐만 아니었다. 그 친구는 '자기 말과 생각이 무조건 맞다.'고 생각하고 그 의견을 강요했다.

"내 생각은 이런데, 이게 맞지 않아?"

그 친구가 주로 쓰는 말투다. 대놓고 강요하진 않지만 은근슬쩍,

"동의하지 않으면 네가 이상한 거야."라는 뉘앙스가 몸에 배어 있어 그런 게 정연이를 힘들게 했다. 그래서 더는 그 친구에게 솔직해지고 싶지 않다.

정연이에게 "말해줘서 고마워."라고 말했다. 그리고 공감도 갔다. 나도 다른 사람에게 내 이야기를 잘못하는 이유가 내가 이렇게 말하면 그 사람은 나를 어떻게 생각할까라는 고민이 생겨서다. 그 고민을 하고 싶지 않아서 굳이 말하려고 하지 않기 때문이었다.

하지만 이런 이야기를 듣고 나는 안타까웠고 진짜 그게 좋은 방법인지 의문이 들었다. 내 이야기를 안 하려고 하지만 이야기를 하지 않는다고 더 마음이 편하진 않다. 오히려 말할 곳이 없어 힘들거나 우울해지기도 한다. 남에게 내 이야기를 해서 안 좋을 수도 있지만 어떨 땐 위로도 받고 스트레스도 풀고 슬픔을 나눌수 있기에 이야기를 해도 괜찮다. _글: 재니

찾아온 우울을 내보내는 방법들

정연이와 우울에 관한 이야기를 하다가 우울할 땐 어떤 것들이 가장 도움이 되었는지 물어봤다. 정연이는 주로 친구들과 이야기하면서 푸는 게 가장 도움이 된다고 말했다. 그 부분에는 나도 공감한다. 누군가에게 이런 고민을 이야기하면 더 잘 해소되고 생각이 정리되면서 생각보다 큰일이 아니었네 하고 안심이 된다.

그리고 정연이는 노래를 좋아해서 힘들 땐 노래를 듣거나 노래방을 간다. 노래방에서 신나고 큰소리의 노래를 부르는 것보다 본인의 상황에 맞는 공감되는 노래들을 부르다 보면 우울한 마음이 사라진다.

대부분 10cm나 볼빨간사춘기의 노래를 많이 부르는데 특히 볼빨간사춘기의 '나의 사춘기에게'라는 곡은 공감되는 가사가 많아서 시험기간에 들으면 눈물이 날 정도다. 그 노래는 정연이뿐 아니라 다른 친구들도 공감하고 좋아한다. 신나는 노래보다는 위로와 공감되는 노래가 우울감엔 더 도움이 될 때가 많다.

그리고 정연이에게는 춤추는 것도 도움이 된다. 나랑 중학교 3학년 때 거의 매일 무용실에 가서 춤을 췄을 때 스트레스 해소가 가장 잘됐었다. 가서 춤추고 나면 아무 잡생각이 들지 않고 그 순간엔 고민도 잊힌다. 그땐 나도 그냥 노래를 들으며 거울을 보고 춤을 추다 보면 내 몸에만 집중이 되고 우울감이 끼어들 새가 없었다. 신나고 밝은 노래에 맞춰 춤을 출 때면 저절로 웃음이 나면서 행복했다. 정연이도 나와 같았다.

우리 둘 다 춤추는 걸 좋아해서 늘 무용실에 가면 오늘은 어떤 춤을 외울지, 뭘 출지 고민했다. 그리고 무용실이 아니라 그냥 밖에서도 손으로 작게 작게 그 춤 동작을 하며 놀았던 기억이 난다. 그만큼 춤을 좋아했기에 춤추는 동안에는 우울할 수가 없다.

그러나 정연이는 지금 다니는 학교의 댄스동아리에는 들어가지 않았다. 그 동아리는 진로에 도움이 되지 않고 공부에도 집중을 못할 것 같은 분위기였다. 하지만 축제나 체육대회 때, 공연하는 댄스부를 보면 너무 아쉽고 부럽다. 그만큼 춤의 열정이 아직도 강하지만 성적 때문에 포기할 수밖에 없는 현실이 안타까웠다.

그리고 정연이는 아주 가끔 1 대 1 고민을 들어주는 오픈 채팅방을 이용해본 경험도 있다. 너무 우울하고 고민이 많은데 이 고민을 말할 곳이 없을 때 나를 아무도 모르는 익명의 누군가에게 털어놓고 위로를 받는 게 어쩔 땐 친구들보다 마음이 편할 때가 있다.

_글 재니

호감 느낀 이성 친구 만나도 고민

청소년기에는 여러 가지 생리적 변화들이 나타난다. 그중 하나가 이성의 관심이 높아진다. 그렇기에 대부분의 청소년은 호감이 가는 이성 친구에게 더욱 눈길이 가고, 그 한 사람의 행동으로 인해 하루의 기분이 좌지우지된다.

연애 같은 경우에는 관계에 대한 기대감이 충족되지 않아서 우울할 수도 있고, 호감에 대해서는 그 사람이 내 것이 아니기에 오는 불안감 때문에 우울할 수도 있다.(물론 이 외에도 많을 수가 있다.)

이런 우울한 상황이 생긴다면 대개 친구들은 게임을 하거나 산책을 한다고 하는데 나는 대부분 친구에게 상담한다. 상담하면서 나의 우울함에 대해 하소연하고 돌파구에 대한 조언도 듣는다. 내가 친구에게 상담하는 것만큼 친구가 나에게 연애 상담을 부탁하는 때도 다반사이다. 여자 사람 친구가 나에게 남자에 관해 물어보면 남자의 관점에서 상담해주기 때문에 해답을 주는 경우가 있지만, 남자 사람

친구가 나에게 상담을 하면 공감을 해주면서 같이 답답해한다.

친구의 연애 상담 중 가장 재미있는 상담은 단연코 내 친구가 또 다른 내 친구를 좋아하는 경우다. 이런 재밌는 일이 최근에 있었다. 같은 팀인 한 여자인 친구가 내 친구를 좋아하게 된 것이다. 이제 그 여자친구를 A가 나에게 남자친구 B를 좋아한다고 도와달라는 것이다. A와 B 모두 나와 정말 친한 친구들이었기 때문에 잘 됐으면 좋겠다고 생각했고, 흔쾌히 도와주기로 했다.

우선 A와 B는 내가 사이에 있다는 것 외에는 둘의 접점이 전혀 없었다. B가 게임을 좋아한다는 점을 이용하여 A에게 '포켓몬 고', '하스스톤' 등 게임에 입문하게 하여 자연스럽게 둘이 게임 이야기를 하며 친해지기 시작했다. 그 후에는 게임 이야기를 하면서 점점 사적인 이야기까지 나누었다. 학교에서 밥을 먹으러 갈 때도 일부러 둘을 같이 불러 계속 만나게 했다.

결국 이런 노력 끝에 B는 마음의 장벽을 허물고, A와 연애를 시작했다. 연애하면서 나의 역할은 끝났다고 생각했지만 오산이었다. A의 고민이 또 생겼다. A는 '자신만 너무 좋아하는 것 같다', '연락해도 읽십 당하는 것이 다반사다', '자신이 연락을 먼저 걸지 않으면 B가

절대 먼저 연락을 걸지 않는다.'라고 우울해했다.

호감을 느꼈던 이성 친구와 가깝게 지낼 수만 있다면 걱정보다는 행복만 있을 것 같은 느낌이었는데 막상 생기고 나니 행복은 잠깐이고 걱정이 더 늘어난 것 같다. 어떻게 보면 기대가 많았기 때문에 그만큼 서운하고 우울한 것이겠지만 함께 행복할 방법이 있다면 마음가짐을 바꾸고, 이미 내 것이 아니라고 생각하는 것이 최고의 방법이라고 A에게 조언했다. 서로가 다르다고 생각하고 차근차근 맞춰가면서 이해하다 보면 연애로 우울하지 않을 수 있는 또 다른 방법 중의 하나라고 마음을 바꿀 수 있는 팁도 함께 줬다. _글: 키위

'살고 싶어요'의 표시 자해

전국에 있는 고등학생 약 50만 명 중 약 4만 명이 자해 경험이 있다. 약 7%. 내 주변의 100명 중 7명은 자해 경험이 있다는 뜻이다. 그런데 이런 높은 수치에도 불구하고 18살 때까지 내 주변에는 자해하는 사람이 없었다. 그렇게 자해를 하는 사람이 주변에 없으니 나는 자해에 대해 잘 알지 못했고, 꿈에도 자해하는 사람들을 이해할 수조차 없었다. 하지만 어떤 이유에서인지 최근에 내 주변에 자해했다고 하는 친구들이 여럿 생겼다.

나에게 자해의 이야기를 처음 해준 친구는 벨라였다. 벨라는 중학교 때부터 심한 우울을 겪었다며 "살고 싶어서 자해했어.'라고 담담하게 말했다. 이해가 되지 않았다.

"자해는 분명히 자신을 해치는 행위인데 살기 위해 자신을 해친다고?"

의문을 제기하며,

"왜 자기를 스스로 아프게 하는 거지?"

다시 물어봤다. 사실 무엇을 물어봤는지는 또렷이 기억나지 않아 벨라에게 다시 확인해 보니 '이해가 안 된다는 식'으로 물어봤다고 나의 기억이 얼추 맞았음을 알았다. 되돌아보니 벨라가 왜 힘든지 공감해주지 못하고 그냥 자해에 대해 부정적으로 생각하고 물어봤던 것 같다.

벨라뿐만 아니었다. 자해를 했다고 한 친구가 한 명 더 있었다. 그 친구는 자해한 상처까지 보여줬다. 상처는 꽤 오래전에 생긴 것임에도 자신을 잊지 말라는 듯이 남아있었다. 나는 그 친구에게도 이해가 안 된다는 듯이 반응했고, 다시는 자해같은 거 하지 말라고 단호하게 말했다.

사실 나는 지금 친구들에게 그렇게 말한 것을 종종 후회한다. 혹여 나의 반응과 말들이 오히려 그 친구들에게 가시가 됐을 수도 있다는 생각 때문이다. 우울증은 나에게만 오지 않았을 뿐, 누구에게나 올 수 있는 것이었고, 자해 역시 잘못된 방법이긴 했으나 친구들에게 그렇게 반응하면 안 됐던 절박한 이유가 있었을 것이다.

그때 이해되지 않는다는 말 대신 그 친구의 아픔을 공감하고, 자해하지 말라는 단호함 대신 자해를 대신할 수 있는 우울감 해소방법을 알려줬으면 더 좋았을 것이라는 생각이 든다.

벨라는 자해를 하면서 나오는 피가 자신이 살아있음을 느꼈다며 그때의 마음을 털어놓았다. 어쩌면 벨라에게도 위로의 말을 해주는, 무엇이 힘든지 공감해주는 그런 친구가 옆에 있다면 조금은 달라지지 않을까? 하는 생각이 스쳐 지나갔다.

지난날 자해든, 친구든 이해하지 못한 것에 대한 후회를 다시 반복하지 않기 위해 이번 '청소년 우울감 해소를 위한 우리의 노력'이 우울감에 눌려있는 더 많은 친구에게 선한 영향력이 되면 좋겠다.

_ 글: 키위

공간과 환경 때문에 받는 스트레스

인스타 스토리를 넘기다가 '나 학원에서 물도 못 마시는데 어떡할까? - 끊는다. 계속 다녀본다.'

무심코 보게 된 글귀였다. '도대체 누구이기에 학원에서 물도 못 마실까?'라는 호기심에 스토리를 올린 사람의 프로필을 눌러봤다. 딸기였다. 딸기는 중학교 때 학생회 활동을 같이하면서 친분이 생긴 한 살 아래 후배다.

내가 중학교 3학년 때 체육부장으로 일하고 있을 때 차장으로 일했던 딸기는 동생과 이름이 같아 더 쉽게 친해졌다. 동네 친구들과 비교하면 오래 본 친구도 아니고, 연락도 자주 하지 않았었기에 어색해질 수도 있었지만, 딸기가 남긴 인스타 스토리 때문에, 그리고 친동생 같은 느낌이 들어 답글을 달았다.

내가 아는 딸기는 어디 가서 주눅들 성격이 아니기에 무슨 일이 있었는지.

"물도 못 먹어? ㅋㅋㅋㅋㅋㅋ."

라는 궁금증을 남겼다. 그러자

"학원 끊고 싶어… 핑계 좀 알려줘."

라고 나에게 해결책을 말해달라는 거다. 알고 보니 딸기가 다니고 있는 그 학원은 나도 다닌 적이 있는 학원이었다. 그곳은 가정집에 꾸려져 있는 공부방 같은 곳이다. 스스로 공부를 하고 그것을 선생님께 검사받는 시스템이다. 딸기가 물도 못 먹는 이유는 화장실에서 볼일 보는 소리가 바깥에 있는 사람들까지 다 들리는 치명적인 단점 때문이다.

가정집이 독서실처럼 꾸며져 있고 그곳에서 스스로 공부하면서 5~6시간을 지내다 보니 물을 마시게 되면 화장실에 가고 싶어지고 화장실에서 볼일을 본 게 된다면 조용히 공부하고 있는 다른 사람들에게 다 들린다는 것이다. 게다가 학원에 다니는 사람들이 모두 남자였기 때문에 딸기는 더욱 신경이 쓰였다. 내가 해결해줄 수 없는 문제다. 그래도 딸기의 고충을 잘 들어 줬는지, 딸기는 또 다른 고민을 이야기했다.

스트레스는 학원에서만 받는 것이 아니었다. 원하는 대로 나오지 않는 성적도 딸기를 힘들게 하는 압박으로 보기에 충분했다. 모두가 열심히 하고 잘하는 학교에서 경쟁하는 것은 입학 전 상상했던 것

10:24
10:27
10:34
10:42
10:44
10:45
11:08
11:21

보다 힘들었고, 계속된 경쟁 때문에 딸기는 친구들이 가끔 경쟁자로 보여 죄책감까지 느꼈다.

이 와중에 코로나도 그 스트레스에 한 몫을 더했다. 코로나가 심해지면서 비대면 수업 일수가 늘어나고 친구들을 만나지 못해 친해질 기회조차 얻지 못해 낯선 긴장감으로 스트레스는 더 많이 늘었다. 또 비대면 수업으로 갑자기 전환되면서 반 아이들과 함께 준비한 축제, 운동회 등 학교 행사들이 줄줄이 취소되면서 그나마 친구들과 더 가까워질 수 있는 것들이 모두 물거품되었다.

딸기의 학원 스트레스는 화장실 한 번 쓰지 못하고 학원을 그만두면서 해결된 듯 보였다. 그러나 친구들 때문에 겪는 스트레스, 성적 때문에 받는 스트레스, 진학에 대한 스트레스 등 딸기를 괴롭힐 스트레스는 앞으로 많이 남아있지만 현명한 해결책으로 잘 이겨 나가길 바란다. _ 글: 키위

진로를 위해 열심을 다하는 모습, 멋지다

유튜브 채널 달꼼TV 출연을 위해 다래와 연락을 주고받았다. 서로 바쁜 상황이기 때문에 정말 오랜만에 주고받은 연락이었다. 무엇보다 '성적에 대한 스트레스'라는 주제로 함께 출연하기로 해서 다래는 무슨 말을 할지 정말 궁금했다.

다래와 나는 유치원, 초등학교, 중학교를 모두 같이 나온 약 12년 된 친구다. 다래는 항상 성적이 10등 밖을 넘어간 적이 없어 선생님들 사이에서 기대주였고 친구 관계가 매우 좋아 학년마다 반장을 도맡아 하는 '엄친딸'이다. 그런 다래가 성적에 대한 스트레스를 받을지도 궁금했다.

다래와 내가 베프가 될 수 있었던 것은 사춘기가 시작될 무렵, 공부도 하지 않고 친구들과 어울려 쓸데없이 돌아다니고 있을 때, 다래가 마치 엄마처럼 나에게 쓴소리를 거침없이 하면서부터다. 나 역시 엄마의 걱정 어린 말씀은 그저 하찮은 잔소리로 들었지만, 다래의 쓴소리는 마음속 깊게 자리 잡았다. 무엇이라 딱히 말할 수 없지만 흔들리는 나를 바로 잡을 힘이 되었다. 아마도 어른들의 시선이 아닌 나와 같은 상황에서, 나와 같은 입장으로 나에게 말하는 다래의 쓴소리가 더 이해되었던 것 같다.

유튜브 채널 달꼼TV 주제가 '성적에 대한 스트레스'이다 보니 주로 학교생활 이야기로 대화했다. 다래가 다니고 있는 마이스터고에서는 규정상 고등학교를 졸업하고 바로 대학진학을 할 수 없다. 그래서 졸업 후 바로 수능을 볼 수 없고, 일을 하다가 몇 년이 지나고 나서 대학교에 갈 수 있다.

그때 고등학교에서의 내신으로 진학할 수 있다. 그래서 고등학교 다닐 때 내신이 아주 중요하다. 그래서 재학생 모두가 내신이 중요하다는 것을 잘 알기 때문에 친구들과의 경쟁의식은 매 순간 밀려온다.

다래는 열심히 하는데 다른 친구들도 열심히 하기에 성적이 원하는 대로 나오지 않아 힘들어했다. 거기다가 취업을 위해 자격증 시험과 공모전 준비도 빼놓을 수 없이 다 챙겨야 한다. 그래서 밤새는 날이 많아지고 밀려오는 졸음을 떨쳐내기 위해 카페인으로 버티기를 하다 보니 정신은 몽롱해지고 마음속까지 피폐해지고 있다. 게다가 고3이 되면서 어디로 취업할지 정하기도 만만하지 않다. 무엇 하나 확연하게 보이는 길이 없어 마치 끝이 보이지 않는 긴 터널에 갇

GOOD START

혀있는 듯한 기분이 들 때가 많다.

다래의 이야기를 듣는데 안쓰럽고 불쌍하기는커녕 다래가 멋있어 보였다. 분명 힘들고 어려운 건 맞다. 다래도 피곤하고 힘들어 보였다. 그런데 다래는 포기하지 않았고 앞으로 나아가겠다는 의지 또한 뚜렷했다. 끝이 보이지 않는 길, 어디로 가야 할지 모르는 길을 걷고 또 걷는 기분, 어두운 곳에 갇혀있는 기분, 그런 기분을 느끼고 있는 사람은 다만 다래만은 아니라고 생각한다.

어른들은 언젠가 이 힘듦이 끝날 것이라고 한다. 물론 우리도 안다. 언젠가 이 힘듦과 어려움이 끝날 것이라고. 하지만 이런 일상에서 우리의 우울을 해소해 줄 수 있는 작은 무언가가 있으면 좋을 것이라고 생각한다. _ 글: 키위

우울? 해소할 시간과 방법이 없다

친구들이 나를 숙제를 알려주는 알림장 정도토밖에 생각하지 않는다면 뭐라 말할 수 있을까? 친한 동생이 겪고 있는 일이다. 하루는 온라인 수업이 있는 날, 동생이 늦잠을 자서 온라인 수업에 참석할 수 없었다. 아무도 자신에게 전화를 걸어 깨워주지 않았다.

그러나 슬픈 것은 그 후에 학교 친구들이 연락이 와서 숙제했는지, 보여줄 수 있는지 물어봤다. 친구가 수업에 빠졌을 때는 아무 연락이 없다가 나중에 필요하다고 생각될 때 숙제 같은 것 때문에 연락을 하다니…. 제삼자인 내가 들어도 우울한 이야기였다.

이와 비슷한 친구 문제, 학습문제 등 여러 가지 이유로 학교생활 속에서 우울함이 찾아온다. 하지만 이렇게 우울감이 와도 정작 시간이 없어서 우울을 해소하지 못한다. 우울감을 해소할 시간에 공부하거나 잠을 자고 싶은 것이 현실이다. 이런 동생의 이야기를 들었을 때 가슴이 너무 먹먹하다 못해 아팠다.

힘들지만 그것을 해소시킬 시간조차 없는 것이 바로 우리나라 청소년의 현실인가? 그 스트레스를 푸는 것조차 안 되는 것인가? 라는 생각에 마음이 무거웠다. 이러한 생각이 들자 나는 스스로 우울함을 어떻게 해소하는지 되돌아봤다. 비교적 우울을 해소할 수 있는 시간이 많다고 생각됐음에도 불구하고 나 자신을 스스로 돌볼 시간은 충분하지 않은 것 같았다.

가끔 자거나 운동을 하는 방법 이외에는 우울을 해소할 방법조차 충분히 알지 못했다. 분명히 일상생활에서 내 우울감은 해소되고 있는데 무엇 때문에 해결이 되고 있는지도 알고 있지 않았다.

기회가 된다면 '나에게 찾아오는 우울감들이 어떻게 소멸되었는지?' 알고 싶다. 그래서 내가 우울할 때 그렇게 우울을 해소하면 우울의 시간을 조금은 더 줄일 수 있을 것 같다. _ 글: 키위

기대 이하의 학교생활

교회에 다니면서 친해진 두 살 아래의 동생, 레몬이는 특유의 목소리 톤으로 "안녕하쎄요~" 라고 말하는 것이 정말 귀여운 친구다. 일 년 전, 갑자기 레몬이는 가고 싶은 고등학교가 생겼다면서 내신을 10점가량 올린다고 큰소리쳤다. 그것이 얼마나 힘든지 아는 나와 친구들은 레몬이가 실패할지 모른다고 생각했지만 노력한 레몬이는 결국 내신 점수를 10점이나 올렸다.

그래서 레몬이는 가고 싶은 학교에 갈 수 있게 되었다. 앞으로 교회에 오는 것이 어려울 거라며 웃음 섞인 아쉬움을 남겼다. 레몬이가 가게 될 학교는 교회와 멀리 떨어져 있어 기숙사 생활을 하기에 매주 시간 맞춰 교회에 오기 어려워 보였다. 게다가 그 시기에 갑작스럽게 코로나까지 터지면서 레몬이와 나는 제대로 된 작별인사도 하지 못한 채 멀어지게 되었다.

가끔 인스타 스토리를 통해 서로의 근황을 알아볼 수는 있었지만 직접 연락을 하진 않았다. 그러다 갑작스럽게 연락이 닿게 되었다. 정말 오랜만이었지만 레몬이가 가고 싶었던 학교였기에 제일 먼저 학교를 물었다.

"학교 가고 싶었던 곳이었잖아? 좀 어때?"

그러자 의외의 대답이 나왔다.

"오빠 나 학교 잘못 온 것 같아…. "

레몬이의 대답은 의외였다. 입학 기준이 보다 높아 공부하는 분위기의 학교를 기대했지만, 펜 대신 담배를 드는 학생들이 더 많고 수업 시간에는 꼭 한두 명씩 자리에 없다고 했다. 레몬이에게도 일주일에 한 번 정도는 꼭 담배를 권유해 그것을 거부하는 것에도 꽤나 힘든 일었다고 했다.

이뿐만이 아니었다. 레몬이는 기숙사에서도 스트레스를 받았다. 보통은 친구들과 기숙사 생활을 하는 것이 일반적이지만 레몬이 학교에서는 선후배 상관없이 복불복으로 기숙사 생활을 한다. 그래서 운 나쁘게 레몬이는 일명 양아치 선배와 룸메이트에 걸려, 밤늦게 기숙사 안에서 큰 소리로 전화를 하거나 밖에 나갔다 오는 등 전혀 배려라는 것을 찾을 수 없어 힘들었다.

학교에서 기숙사까지 하루 내내 스트레스를 받다 보니 레몬이는 불면증에 시달렸다. 잠이 안 오는 것뿐만이 아니라 잠이 들어도 2시간 이상을 잘 수 없어 입맛도 떨어지고 자연스럽게 살도 많이 빠졌다. 이런 생활을 하루하루 지내다 보니 이곳에 오고 싶어 정말 열심히 공부한 지난 시간이 한탄스럽기까지 했다. _ 글: 키위

믿을 만한 친구조차 없는 레몬

산책만으로도 기분이 좋아진다는 말을 듣고 밖으로 나와봤다. 그런데 기분이 바뀔 것 같지도 않고 마음속 고요가 우울을 부추기고 있는 듯하여 재기발랄한 활동 ENFP의 MBTI가 정말 잘 어울리는 레몬이에게 전화를 걸었다.

"모시모시~~"

레몬이의 목소리는 여전히 상큼하고 발랄했다. 레몬이의 목소리를 듣자마자 기분이 확 좋아지는 것 같았다. 나도 똑같이 "모시모시~" 로 대답했다. 학생이면 다들 그렇듯이 우리도 학교라는 울타리를 벗어나지 못하고 자연스럽게 레몬이의 학교생활 얘기가 나왔다. 통화하고 있는 발랄한 레몬이의 말투와 다르게 레몬이의 학교생활은 참담했다.

한 친구가 악의적으로 레몬을 나쁘게 말하고 다녀 더 힘든 상황인 것이다.

"잰 친구 전 남친만 골라서 꼬서."

"친구 뒷담 하면서 왕따까지 시켰대."

등… 모두 레몬이가 하지 않았던 일인데 어떻게 저런 말을 만들어 소문을 내고 있는지 속수무책으로 당하고 있었다. 그런 말을 듣고 정말 친했던 남학생 한 명이 전화를 걸어와 "너 그렇게 살지 마."라는 말과 함께 욕까지 더하고는 전화를 끊었다.

이뿐만이 아니다. 이런 일로 정말 힘들었던 레몬은 그동안 친하게 잘 지내왔다고 믿었던 친구를 찾아가서 이런 힘든 상황을 공유했다. 이야기하다 보니 감정이 북받쳐 올라와 레몬은 숨도 못 쉴 만큼 꺼이꺼이 울었다. 하지만 그 이야기를 듣고 있던 친구는 아무 말도 하지 않고 있어 이상한 느낌이 들어 그 친구를 쳐다보니 그 친구는 소리 없이 웃고 있었다. 사이코패스를 보면 그런 기분일까?

정말 서럽게 울고 있는 레몬은 자신을 위로해 줄 알았던, 정말 친하다고 믿었던 친구가 그렇게 웃고 있는 것을 보자 소름이 끼쳐 바로 그 자리를 피했다.

정말 기대를 하고 들어갔던 학교에서 자신이 바라는 공부하는 분위기가 전혀 잡혀있지 않은 상태에서, 레몬에 대한 안 좋은 소문이 계속 퍼져지면서 1학기가 지나갔다. 그리고 2학기가 시작되기 전, 레몬은 정말 조용히 어떤 꼬투리도 잡히지 않기 위해 노력의 노력을 더하자고 했다. 그러나 그런 레몬의 다짐을 비웃기라도 하듯 그 학교의 친구들은 더 큰 소문과 더 큰 괴롭힘을 가해왔다.

레몬의 난처한 상황을 모두 듣고 나서 무엇을 해야 할지, 할 수 있는 것이 무엇인지, 도무지 생각나지 않아 너무 속상했다. "그냥 힘들 때 언제든지 전화해."라는 말밖에 할 수 있는 것이 없었다.

이러한 지옥에서 레몬이가 어떻게 버텼을지 생각해 봤을 때 레몬이의 긍정적이고 밝은 성격이 그나마 레몬이의 버팀목이 되는 것 같았다. 하지만 이마저도 조금씩 우울에 잠식되고 있는 것 같아 걱정됐다.

레몬에게 밝은 기운을 받아가기만 했던 나였지만 밝은 기운을 나눠줄 수 있는 내가 되고 싶다. _ 글: 키위

고3 수험생의 우울감 해소방법은 정말 없을까? _

내가 사는 동네는 좁아서 한동네 안에 초등학교, 중학교, 고등학교가 하나씩 있다. 그래서 초등학교 때 만난 친구가 중학교에서도 만나고 고등학교까지 같이 다니는 경우가 대부분이다. 가끔 아주 가끔 고등학교를 다른 곳으로 가는 친구가 있기는 하지만 매우 드문 일이다. 그래서 우리 동네 친구들은 서로 친하지 않아도 서로를 알 수 있으며, 친한 친구들은 가족이 모르는 비밀까지 서로 알 만큼 가깝게 지낸다. 나는 이렇게 친한 동네 친구가 5명 정도 있다.

가끔 아주 가끔 고등학교를 다른 곳으로 가는 친구 중 하나가 나다. 서울에서 기숙사 생활을 하며 대안학교를 다니고 있어 친구들을 만날 기회가 별로 없다. 몸이 떨어져 있으니 연락도 잘 하지 않게 됐고, 이제 서로에 대해 아는 것보다 모르는 것이 더 많아졌다.

하지만 4월쯤 운 좋게 친구들과 만날 기회가 생겼다. 나를 포함하여 같이 노는 친구들의 생일이 겹쳐 (4월 2일, 7일, 5월 1일) 주말에 하루를 날을 잡아 만났다. 사실 친구 한 명 한 명은 가끔 지나가다 만난 적은 있지만 다 같이 모이는 것은 정말 오랜만이라 너무 반가웠다.

친구들은 고등학교 3학년으로 일명 수험생의 신분이다. 수능이 1년도 안 남았다. 난 고등학교 1학년 때 자퇴를 하고 대안학교로 옮겨와 아직은 수험생의 압박감을 공감하기는 힘들었다. 온종일 피시방에서 시간을 보내던 친구가 독서실에서 공부하고, 공부에 대한 스트레스를 많이 받지 않던 친구도 체대 입시를 준비하며 진학 준비에 여념이 없었다.

온종일 공부를 하면서도 친구들은 공부의 고민이 많은 듯 공부 이야기만 했다. 어느 인터넷 강사 이야기, 시험 이야기, 동아리를 하면서 내신을 채우는 이야기를 하는 것뿐만 아니라 자신이 원하는 대학을 못 가면 어떡하지 하며 걱정도 했다. 그러다 밤이 되면 이러한 걱정들은 더욱 커진다고 했다.

그렇게 이야기를 나누다가 친구들은 "넌 어떻게 지내고 있냐?"고 나에게 물었다. 나는 요즘 사회 문제 해결 프로젝트로 청소년 우울감을 알아보고 이를 극복할 방법을 찾고 있다. 주제의 큰 틀은 청소년 우울감으로 정하고 그 안에서 파괴적인 요소들로 우울을 해결할 방법을 찾는 것이다.

그런데 우울을 해결할 방법에 변동이 생겨 어려움을 겪던 이야기를 했다. 친구들은 웃으면서 "솔직히 고등학교 삼학년의 우울감은 없앨 수 없음"이라고 단호하게 말했다. 다른 친구는 "아니지. 섹스하면 솔직히 좀 풀릴 듯."이라고 말했다.

이 말을 듣자 친구들은 다 같이 웃었다. 나도 "맞지."라고 맞장구를 쳤다. 사실 친구가 말한 섹스가 성性적인 이야기를 하는 것인지, 학교 내신의 성적을 말하는 것인지 헷갈렸지만 무엇을 뜻하던 나는 씁쓸한 마음이 든다. 성性적이라고 한다면 도박보다 높은 자극만이

스트레스를 풀어준다는 것이고, 공부의 성적이라 하더라도 스트레스를 해결할 방법은 딱히 없기 때문이다.

일반고등학교를 다니는 친구들의 속마음을 엿보고 나서, 과연 일반고등학생의 성적에 대한 압박과 그에 대한 우울감을 얼마나 공감하고 있었는지 걱정이 앞섰다. 일반고등학교의 생활을 한 적이 없으니 학생들의 고민을 너무 쉽게 생각했던 것은 아닌지 되돌아보게 되었다.

우리가 청소년이니까 청소년 입장에서 보고 생각할 수 있다는 좋은 점도 있지만 우리가 일반 학교에 다니는 청소년을 얼마나 이해하고 대변할 수 있을지 왠지 큰 숙제가 생긴 느낌이다. _ 글: 키위

2부

어떻게 하면 좋을까?

함께해주신 전문가들

프로젝트 경영 담당 전문가

김동빈 | 보드

비영리 마케팅과 가치 경영 전공
SES 심리연구소 수석 연구원

우리가 프로젝트 공유와 경영자의 관점에서 프로젝트를 진행할 수 있도록 도움을 주셨습니다. 숲을 생각하면서 나무를 어디에 심어야 할지, 무슨 나무를 심는 것이 좋을지 전체적인 방향성을 주로 잡아주셨습니다.

게다가 우리가 그 속에서 단순히 프로젝트를 진행하는 것을 넘어 창업의 관점에서도 임할 수 있는 여러 질문을 던져 주셔서 프로젝트를 진행하는 데 많은 어려움을 극복할 수 있는 근육을 길러주신 멘토입니다.

그동안 보드는 우리 사회가 많은 변화를 겪고 있음에도 불구하고 아직 해결되지 않고 있는 사회문제를 해결하기 위해 새로운 시도와 시각에 대해 중요성을 인식해 왔습니다. 그로 인해 사회복지와 경영학을 전공하고 연구했습니다.

그 과정에서 인간에 의해 발생하는 사회문제는 복지적 차원이 아니며, 단순히 착한 마음만 가지고는 문제를 해결할 수 없다는 사실을 깨달았습니다.

'4차 산업혁명에 맞춰 직접적이고 새로운 시각과 기술을 적용한 다양한 해결책을 제시할 수 있어야 한다.'

이런 현실적 목표를 가지고 지속해서 배움을 갖고 알고 있는 일들을 나누고 있습니다.

기획 및 프레젠테이션 담당 전문가 임채현 | 도령

전 DNI 데이터 사이언티스트
현 거꾸로캠퍼스 교사

우리가 프로젝트를 진행할 때, 기획 분야에 대해 도움을 주셨습니다. 그 과정에서 솔루션을 통한 B2C와 B2B 진행에 효과적인 제안서를 만드는 방법을 배웠습니다. 동시에 설득력 있는 프레젠테이션을 할 수 있도록 커뮤니케이션 능력을 올려주신 멘토입니다.

그동안 도령은 사회학에 대한 학문적인 이론과 생각들을 접하는 과정에서 실제 사람들의 생각과 행동 확인 및 증명하기 위한 데이터 분석을 공부했습니다. 그래서 실제 사람들의 행동 패턴들을 분석하고 예측해보며 인사이트 도출하는 업무를 통해 고객사에 마케팅 방안을 제안하는 일을 해왔습니다.

앞으로 이와 같은 일들이 중고등학생들에게도 필요하다는 관점에서 거꾸로캠퍼스로 자리를 옮겨 기획 및 프레젠테이션을 가르치고 계십니다.

솔루션 마케팅 담당 전문가
이정빈 | 두콩

DNI 데이터베이스 마케터

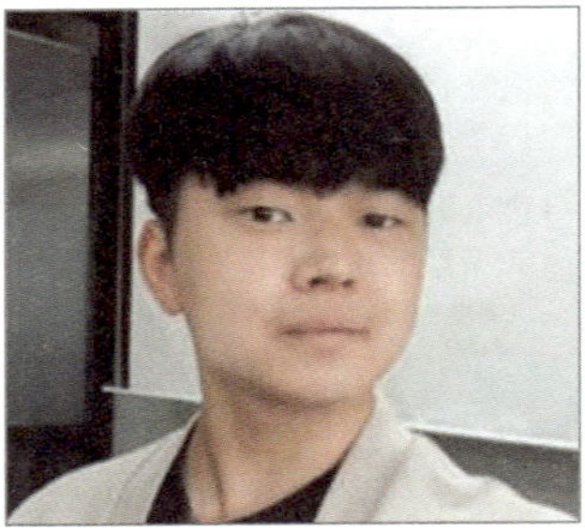

우리가 프로젝트를 통해 찾아낸 솔루션과 콘텐츠 제작에 있어 생산자의 입장과 소비자의 입장을 모두 고려할 수 있는 시각을 키워주셨습니다. 또한 워크인의 마케터인 재니를 주축으로 프로젝트와 솔루션, 그리고 팀까지 효과적으로 알릴 수 있는 SNS 운영과 마케팅적 기법 등을 알려주신 멘토입니다.

두콩은 우리 사회에서 소비자가 구매할 때 생기는 데이터들을 살피며 어디서 마음이 갔고, 망설였는지를 파악합니다. 그 후 맡은 상품이나 서비스가 가진 본질과 장점을 키우고 단점을 보완하여 더 나은 소통으로 가기까지의 일을 하고 계십니다.

그리고 마케팅계의 명탐정 코난 같은 두콩은 감성과 이성, 좌뇌와 우뇌를 골고루 사용하여 사람들의 마음과 세상을 움직이는 일을 하기 위해 계속해서 배움을 이어가십니다.

심리&커뮤니케이션 담당 전문가
서은숙 | 줄리

SES 심리 상담 대표

우리가 프로젝트를 진행할 때 팀 내에서의 효율적인 커뮤니케이션을 통해서 활력 넘치는 팀워크를 발휘할 수 있도록 도와주셨습니다. 평소라면 하지 않았을 사소한 얘기부터 진솔한 자신의 이야기까지 다양한 스펙트럼으로 대화가 오갈 수 있도록 인간관계와 심리에 대한 전문지식을 알려주셨을 뿐만 아니라, 지식도 성격이라는 말처럼 전문서적을 같이 읽고 생각을 나누는 시간을 만들어주셨고 틀린 것이 아니고 다른 것이라는 것을 알려주신 멘토입니다.

줄리는 현재 심리상담가와 심리교육 강의를 하고 계시는데, 사람들이 대단한 문제가 있어서 상담을 받는 것이 아니라 평범한 삶 속에서 지금보다 더 나은 삶을 살아가기 위해 자신이 살아가는 패턴을 알아차리고 변화를 결심하고 변화를 위해 노력하는 삶의 여정에 옆에서 같이 뛰어주는 러닝메이트라는 마음으로 일을 하신다고 합니다.

출판 및 스토리텔링 담당 전문가

박용희 | 조안

카피라이터 / 기획 및 작가

우리가 청소년이 가진 우울감을 공부하고 이를 해결하기 위한 과정들을 기록할 때 독자의 공감을 끌어낼 수 있도록 글의 표현과 내용 등에 도움을 주셨습니다. 그로 인해 프로젝트에서 진행한 과정과 생각 등을 정리할 수 있는 시간을 가질 수 있으며 다른 팀원의 글을 읽으며 자신을 돌아볼 수 있도록 길잡이를 해주신 멘토입니다.

그동안 조안은 돈을 벌기 위해 하는 일보다 좋아하는 일을 하겠다는 기준을 갖고 다양한 분야에서 다양한 글을 써왔습니다. 유명인들의 이미지 업그레이드를 위한 '퍼스널 아이덴티티'에 관한 홍보 기획 및 콘텐츠 개발을 하고 계십니다.

워크인의 주제 '청소년 우울감'

프로젝트 수업

내가 재학 중인 거꾸로캠퍼스의 수업은 진짜 새롭다.

'거꾸로'라는 이름에 부합이라도 하는지 일반 학교의 수업과는 전혀 다른 관점으로 수업을 진행한다. 그렇다고 배우는 것이 다르지는 않다. 거꾸로캠퍼스에서도 일반학교와 마찬가지로 국어, 수학, 사회, 과학, 영어 등 다양한 교과목들의 지식을 배운다. 하지만 이 지식을 사용하는 곳이 일반학교와는 확연히 차이를 보인다.

일반학교에서는 대부분 배운 지식을 시험을 통해 지식습득 정도를 체크한다. 그래서 학생이라면 중간, 기말, 수능 등 시험이라는 난관을 헤쳐나가기 위해 수업에 임하고, 시험공부를 한다. 하지만 거꾸로캠퍼스에서는 사회에 있는 문제를 해결하기 위해 배운 지식을 활용하는 수업을 한다.

거꾸로캠퍼스 학생들 사이에서 흔하게 말하는 '사회문제'라는 말은 큰 의미로는 '사회제도나 사회구조의 결함-모순에서 생기는 문제'

를 말한다. 예를 들자면 노인 빈곤층, 환경오염, 성교육 문제 등이라 할 수 있다. 이같이 '사회문제를 정의하고 이를 해결하기 위한 과정을 밟아 솔루션을 낸다.'라는 말이 거창해 보일 순 있다.

그런데 사회 문제라 해도 시작은 개인의 작은 것에서부터 문제가 되면서 사회적 문제로 번지는 경우가 대부분이다. 그런 의미에서 우리는 주변에서 겪는 문제에 공감하는 것에서부터 시작했다. 우리가 공감한 문제는 '청소년 우울'이었다.

1부에서 말했듯이 난 내 주변에서 가장 소중한 사람이었던 친동생이 우울을 겪을 때 도움을 주지 못했던 것에서부터 시작되었다. 이러한 작은 불편함과 아쉬움이 모여 문제를 해결하고 싶다는 원동력을 끌어냈다. 다른 팀원들도 각기 다른 사연으로 청소년의 우울을 해결하기 위해 여기 이곳, 워크인으로 뭉쳤다.

워크인 팀뿐만 아니라 거꾸로캠퍼스에서 진행하는 모든 팀이 마찬가지다. 사소한 공감에서 시작해 세상을 바꾸고 싶다는 원동력을 가진다. 거꾸로캠퍼스에서만 알려주는 지식을 통해 이런 사회문제를 직접 해결할 기회를 얻는다.

나는 이것들이 매우 값지고 멋진 경험이라고 생각한다. 아주 작은 주변에서 알려주는 것들을 통해 내가 직접 세상을 바꿀 기회를 얻는

주로 3~5명의 친구가 함께 모여 사회문제를 찾아 문제를 정의하고
해결하는 프로젝트 과정을 경험하고 있는 모습이다.

다는 것은 결코 아무나 할 수 없는 경험이다.

더군다나 우리는 현재 우리 사회에서 활동하고 계시는 여러 전문가분과의 이야기를 통해 더 많은 도움을 얻고 있다. 펀딩, 책 출판 등 다른 사람들이 쉽게 할 수 없는 것들까지 경험하고 있다.

거꾸로캠퍼스에서 1년 동안 배운 교과목 수업이나 융합적 사고를 이용해 실제 사회 문제를 해결하기 위해 사용하고 있다. 이는 내가 거꾸로캠퍼스를 졸업하고 나서도 나에게 도움이 될 것임을 알 수 있다. _ 글: 훌라

유용한 솔루션을 찾아라

나를 찾는 비밀의 책

청소년 우울감 해소방법을 청소년의 입장에서 찾아보겠다고 마음을 먹은 후, 다음으로 해야 할 일은 우울감 해소를 위해 시중에 나와 있는 모든 것들을 분석하는 일이었다. 우리에게 프로젝트 공유 및 경영 컨설팅을 해주시는 보드는 시장이나 경쟁업체를 조사하는 것이 프로젝트의 기본이라고 가르쳐 주셨다.

현재 우리 사회에서 인지도가 어느 정도 있다는 것은 목표 타겟을 잘 파악했다는 것을 의미한다는 것을 알 수 있었다. 이런 과정을 거치지 않았다면 모두 당연하게 생각하고 놓칠 수 있는 것들이었다. 우리도 우리가 목표로 하는 타켓의 요구를 꿰뚫어 볼 수 있는 우리만의 시각을 키우기 위해선, 목표 타겟을 정하는 것이 필수적인 과정이라는 것을 깨달았다. 그래서 최대한 다양하고 더 넓게 살펴봤다.

게임, 심리상담, 어플 등을 둘러보다 한 책에 정착했다.

<나를 찾는 비밀의 책>, 소개에는 '당신에 관한, 오직 당신에 관한 비밀의 책을 완성하세요!'라고 적혀있었다. 보드는 이 책이 상담학의 기초를 담고 있다고 했다. 정말 처음부터 끝까지 콘셉트에 충실한 책이었다.

시작할 때도 당신만을 위한 비밀이라는 점을 강조하였고 심지어 끝에서는 '비밀을 지키기 위해 태우든 버리든 마음대로 해라.'와 같은 메시지도 매우 인상적이었다. 단순히 우울감을 해소하는 것에 집중한 제품이 아니라 이 책만이 할 수 있는 콘셉트와 메시지가 명확하고 또 충실하였다고 생각해서 이 책을 더 깊게 분석해봤다.

책은 생각보다 두꺼웠다. 300쪽을 거뜬히 넘었다. 처음 받았을 때부터 책을 다 작성하기까지 확실하게 제품 이용자의 입장으로 사용했다. 이용자의 입장에서 책을 처음 보자마자 가장 먼저 떠오르는 것은 두껍고 기록해야 하는 빈칸이 많다 보니 '귀찮아. 언제 책을 다 채우지.'였다.

그래도 처음의 부담감은 한 장 한 장 책을 읽어가며 빈칸을 채우다 보니 쉽게 재미로 바뀌었다. 일주일 정도쯤 충실하게 책을 따라 생각하고 기록하기를 계속했더니 책의 1/3 정도가 채워졌다.

그 후 분석했다. 책은 세 가지 갈래로 이루어져 있다. 과거, 현재,

미래. 과거 파트에서 가장 기억에 남는 질문은 '내가 했던 가장 무모한 짓은 무엇인가요?'와 '나에게 존재만으로 고마운 다섯 사람'이었다. 단순히 텍스트일 뿐이고 대답을 할 뿐인데 내가 지나온 시간이 스쳐 지나가는 듯했다. 특히 '가장 기억에 남는 친절한 행동'을 생각하면서는 눈물까지 차올랐다.

떠오르는 것만으로 그 감정이 새삼 되새겨졌다. 현재에는 나를 다시 생각해볼 수 있었다. 내가 무엇을 좋아하는지, 어떤 걸 싫어하는지, 어떤 걸 즐겨 하는지 등 간단한 질문이었지만 평소에는 생각하지 않았던 나를 생각해볼 기회였다.

여러 가지 질문들이 들어있고, 이에 대답하면서 나를 알아가는 책이다.

책을 어느 정도 작성한 후 장단점을 뽑아보았다. 먼저 첫번째 장점은 나를 다시 생각해볼 수 있다는 점이다. 나도 몰랐지만 분명 머릿속에 어딘가 떠돌아다니는 추억들이 회상되기도 하였다. 좋은 기억들을 떠올리며 괜스레 힐링이 되었다. 두 번째는 언제든 다시 읽어볼 수 있다는 것이다.

길긴 하지만 다 나에 관한 이야기고, 지극히 나 말고 다른 사람이 볼 수 없기에 언제든 재미있게 꺼내 볼 수 있었다. 그리고 가장 중요한 것은 나에 대해 쓰는 행위 자체로 행복해졌다는 점이다. 이 책을 이용한 지 한참도 더 되었지만 아직도 기억나는 부분이 있을 정도로 인상 깊었다.

하지만 장점에 만만치 않게 단점도 많이 있었다. 단점 중 첫 번째는, 몇 번 하고 옷장 속에 처박히기 쉽다는 점이다. 물론 책을 쓰고 다시 읽거나 고치는 과정에서 여러 번 사용할 수 있지만 어쨌든 처음 쓴다는 점에서 다회성이라고 보기 어려웠다.

우리는 청소년이 자주 그리고 많이 접할 수 있는 콘텐츠를 제작하고 싶었다. 두 번째는 혼자 한다는 점이다. 우리는 청소년들끼리 모여 화기애애하게 이야기를 할 수 있는 분위기를 조성하고 싶었다. 우리에게 적용할 수 있는 단점은 이 정도였다.

책을 읽고, 기록하고, 장단점을 살펴보면서 '현재 청소년들이 우울감을 어떻게 극복하고 있는지, 청소년들이 선호하는 방법은 무엇인지'를 알 수 기회가 되었다. 그리고 이 기회를 통해 워크인이 가야 할 길이 더 명확하게 잡힌 듯한 느낌이었다. 채택할 수 있는 점은 수정하고, 버리고 싶은 단점을 분명하게 정할 수 있었다.

'나에 대해 알아가며 하는 힐링'이라는 것이 이 책이 주는 메시지였고 가장 큰 장점이었다. 이런 분석을 바탕으로 우리 워크인 팀은 청소년 우울감에 대해 더 확립된 시각을 가질 수 있었다. _글: 홀라

효능 없었던 오감 자극 우울감 해소 키트

청소년의 우울감을 해소해주기 위해 솔루션을 찾으려 노력하고 있을 때다. 시중에 우울감 해소를 위해 도와주는 것이 무엇이 있는지 검색하고 있을 때 파괴의 방, 소리 지르는 항아리 등의 존재를 알게 되었다.

파괴의 방에는 접시, 티비, 마네킹 등이 준비되어있고 이것을 망치, 방망이 등으로 부술 수 있는 곳이었다. 물론 보호장구는 모두 갖추어져 있었다. 그리고 소리 지르는 항아리는 말 그대로 그곳에 크게 소리 지를 수 있는 항아리였다.

이것을 보았을 때 우리는 재미있고 흥미로운 아이디어라고 생각했다. 보통의 우울감 관련 솔루션은 모두 잔잔하고 상담과 관련된 것들이 많았는데 이것들은 모두 분노 표출을 이용한 우울감 해소를 돕기 때문이었다. 상담과 관련된 솔루션으로 방향을 잡는다면 관련 전문가들과 경쟁력이 부족하다고 생각했기 때문에, 우리는 청소년들의 흥미를 끌어내고 경쟁력 있는 분노 표출, 감각과 관련한 솔루션을 기획하기로 하였다.

처음 갈래를 잡은 것은 분노 표출에 더 가까웠다. 주로 청소년들은 학교에서 우울감을 느낀다고 판단하였고

"학교가 폭파되었으면 좋겠다."

"학교 안 무너지나?"

라는 말을 직접 해보거나 들었던 경험을 토대로 학교를 직접 부수는 느낌을 주는 키트를 제공하고자 하였다. 그렇게 직접 종이를 이용하여 학교 모양과 그 안에 학생들에게 스트레스를 주는 시험, 수학, 인간관계 등을 의인화하였고 그것을 찢을 수 있는 프로토타입을 제작하였다.

그리고 프로토타입을 완성할 때쯤 우리는 심리 공부를 하신 학교 선생님 기린께 피트백을 받는 기회가 생겼다. 그곳에서 받은 피드백은 이렇다.

"우울감을 폭력성, 파괴로 풀려는 시도는 이미 외국도 그렇고 국내도 그렇고 많이 있었어요. 그런데 그것이 또 다른 폭력성을 끌어낸다는 것을 알게 되었고 그래서 많이들 사라졌어요."

파괴와 폭력성을 나타내는 것을 우울감 해소를 끌어낼 수 있지만, 그것이 자칫 다른, 옳지 못한 폭력성으로 나타낼 수 있다는 것이었다.

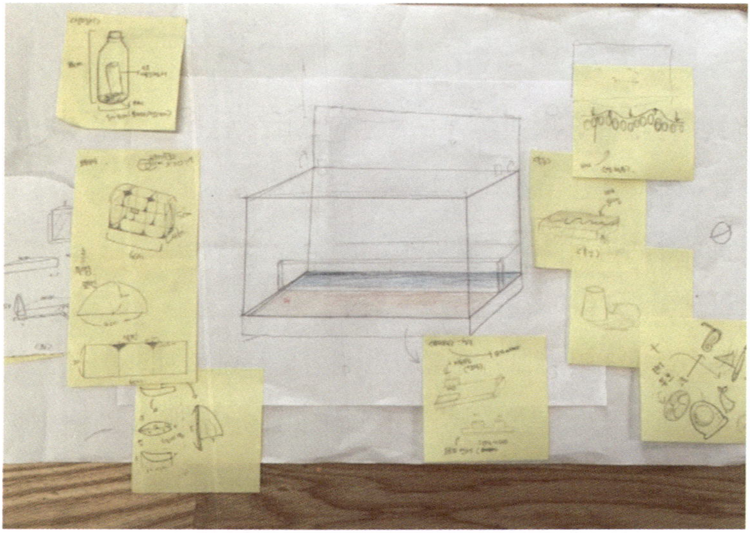

오감 키트를 직접 설계하고 코딩, 3D 프린트 등으로 구현해 프로토타입을 제작한 제품이다.

우리는 피드백 받은 것을 바탕으로 방법을 조금 바꿨다. 폭력성을 나타내는 것이 아닌 감각을 이용하여 우울감 해소를 시켜주는, 오감 키트를 만들어보기로 한 것이다. 이것은 발달장애 혹은 어린아이들에게 도움을 주는 오감 놀이에서 영감을 받았는데 실제로 오프라인 키트를 만드는 데 도움을 받을 수 있는 M랩making lab에서 수업을 받고 있었기 때문에 계속해서 제작을 시도하였다.

콘셉트는 바다였다. 모래사장의 모래로 촉감을 느끼게 하고, 파도 소리로 청각, 진주 초콜릿으로 미각을 느낄 수 있게 하였다. 이렇게 오감 키트도 제작해 보았을 때 여러 가지 제품을 각각 제작한다는 것은 매우 힘들다는 것을 느꼈다.

프로토타입이라고는 하지만 제품의 퀄리티가 많이 떨어졌고, 제품이 작아 그런 것인지, 효능이 없는 것인지 프로토타입을 돌려봤을 때 효능을 느낀 사람이 한 명도 없었다.

결국 우리는 또 키트 제작을 포기하기로 하였다. 하지만 이 과정에서 느끼게 된 것은 우울감 해소방법이 매우 많다는 것이었다. 이것을 깨달은 우리는 우울감 '해소'를 시켜주는 것이 아닌 이 여러 가지 우울감 해소방법을 알려주면 좋겠다는 것으로 방향을 틀 수 있었다. _글: 키위

솔루션 찾으러 동대문시장으로

청소년의 우울감을 탐구한 후, 이를 해결하기 위한 솔루션을 제작하기로 하였다. 처음에는 여러 후보가 있었다. 요새 트렌드에 맞춰서 앱으로 출시하자, 아니면 책으로 만들자 등등 다양한 방법들이 있었다. 하지만 우리가 할 수 있는 것과 할 수 없는 것은 구분해야 했었다. 워크인에서 코딩을 하고 싶은 사람은 아무도 없었다. 청소년에게는 온라인이 최고의 선택지일 수도 있겠지만 워크인에게는 아니었다.

오프라인에서 사용하는 제품이고 단순하게 우울감을 해소할 방법으로 찾아봤다. 그러다 문득 머릿속에서 '장난감' 하며 쿵 하고 떠올랐다. 단순하게 하는 행동인데 몰입을 할 수 있는 것이면 더 좋겠다고 생각했다.

시중에도 피젯스피너나 뽁뽁이 등과 같은 단순하고 간단한 행동을 반복하면서 우울감이 해소되는 방법들이 있다. 그때 당시에 팝잇이

유행이었다. 거꾸로캠퍼스에서도 심심치 않게 찾아볼 수 있었다.

나도 한참 빠져들었던 적이 있다. 아무런 생각도 하지 않은 채 손가락으로 눌렀다. 다시 뒤집어서 눌렀다가 두 손으로 눌렀다가 네 손가락으로 눌렀다가를 반복하면 마음 한가운데 있는 심연에 빠져드는 기분이었다. 팝잇을 누르는 감촉과 소리가 어우러져 왠지 모르게 힐링이 되었다.

우리의 제품도 사람들에게 이런 감상을 심어주기를 바랐다. 그래서 시장조사를 하러 갔다. 바로 동대문 장난감 상가로. 이걸 먼저 제안하신 건 보드였다. 장난감 샘플을 보기에 가장 좋은 장소가 동대문이라고 하셨다. 마침 학교가 있는 혜화역에서 두 정거장만 가면 동대문이었기 때문에 바로 다음 날 출발했다.

동대문 장난감 상가를 들어가자마자 양옆으로 장난감들이 빼곡히 줄을 이뤘다. 장난감을 대량으로 사는 사람들을 위해 아주 많고 다양한 장난감이 있었다. 개중에는 우리에게 익숙한 팝잇이나 피젯도 있었지만, 아예 초면인 장난감들도 많았다.

한 30분 정도 둘러보고 나니 아이디어들이 쏟아져 나왔다. 진짜 상장 모양에 직접 본인에게 상장을 써 스스로 자신을 칭찬하는 것, 아주 어렸을 때 갖고 놀던 물에 넣으면 커지는 공룡처럼 매일 매일 커가는 모습을 보며 힐링하는 것, 젠가에 본인의 단점을 쓰고 하나씩 빼가는 것 등 굉장한 아이디어가 있었다. 그렇게 1시간, 2시간, 3시간이 넘게 동대문시장을 돌아다녔다.

그 시간 직접 시장에 가서 장난감을 조사하고, 즉석 아이디어를 뽑아내는 일은 재미있을 뿐만 아니라 꼭 경험해야 할 일이라고 느꼈다. 확실히 앉아서 하는 것보다 기록이나 더 뻗어 나간 생각을 하긴 힘들었지만, 그래서 더 무모한 아이디어들이 나올 수 있었다. 장난감을 직접 구매해서 플레이해보기도 하였다.

이제 아이디어를 구체화하고 만들어갈 타이밍이었다. 하지만 문제가 생겼다. 바로 제작하기가 어렵다는 것. 우리는 장난감을 구해서 아이디어를 붙여서 만들어야 했다. 그 과정에서 저작권, 제조사 관련된 문제가 생겼다. 너무 아쉬웠다.

애초에 찾아보고 시작할 걸, 이란 생각이 머릿속을 가득 채웠다. 하지만 어쩔 수 없었다. 이미 진행된 일이었다. 실패라는 단어만 들으면 거창한 것일 수도 있지만 어쩌면 작은 것 하나만으로도 이루어질 수 있는 것이라는 걸 알았다. 우리는 장난감 제작에 실패하면서 또 성장했다. _ 글: 홀라

동대문 문구 거리에 방문하여 직접 보고 만져보았던 장난감(상)
크기를 직접 손으로 확인해 보는 모습(하)

다이어리와 일력으로
하루에 한 가지씩 솔루션 제공

그저 막연하게 '많은' 우울감 해소방법을 알려주고 싶었던 우리는 과연 어느 정도가 많은 우울감 해소방법인지 고민했다. 하루에 한 개면 많은 건가? 일주일에 하나? 그렇게 팀원들과 토의를 하다 보니 '하루에 한 가지의 우울감 해소방법'을 알려주면 좋을 것 같다는 목표를 세웠다. 그리고 매일 한 가지의 우울감 해소방법인 365가지의 우울감 해소방법을 어떻게 전달하면 좋을지도 고민했다.

그랬을 때, 우리가 매일 접하는 것들을 살펴보았다. 달력 또는 날짜에 맞춰 기록을 남길 수 있는 다이어리가 제일 먼저 떠올랐다. 다이어리와 달력은 청소년들이 자주 사용하기 때문에 더욱 안성맞춤이라며 워크인 모두가 쉽게 뜻을 모았다.

왠지 일이 술술 잘 풀릴 것 같은 기대감이 우리를 더 신나게 했다. 그리고 다이어리와 달력 등에 우울감 해소방법을 하나씩 표시하면서 그것을 꼭 외우려고 하지 않아도 자연스럽게 인식되게 하자는 아이디어가 우리 팀 모두의 마음을 사로잡았다.

그래서 다이어리와 매일 낱장으로 적혀있는 일력 안에 365가지의 우울감 해소방법을 넣어주는 형식으로 우울감 해소방법을 제시하고자 했다. 365가지의 우울감 해소방법을 찾기 위해 온갖 책을 뒤져보고, 검색하기를 몇 날 며칠을 고민하고 고민했다. 가까스로 365가지의 우울감 해소방법을 리스트업하는 큰 산을 넘은 뒤 우리는 다이어리와 일력을 디자인하면서 프로토타입을 제작했다.

날짜 하나당 하나의 우울감 해소방법이 적혀있는 콘셉트에 맞춰 다이어리와 일력 안에 있는 날짜와 요일에 우울감 해소방법을 기록하는 공간을 적절하게 배치하는 데 심혈을 기울였다. 우울감 해소방법을 자연스럽게 인식시키는 것이 정말 중요했기 때문이다. 또한 다른 다이어리와 같이 남은 공간에 메모장을 넣을 것인지 'to-do 리스트'를 넣을 것인지 또한 계속해서 토의하고 디자인 시도했다.

모든 과정이 처음이었고 디자인을 좋아하는 친구가 없었던 우리는 일력, 다이어리에 대한 자신감이 많이 부족했다. 그렇기에 디자인 시안 한 개가 나올 때마다 사람들에게 나눠주면서 직접 작성해보게 하고 크기, 재질, 폰트 등 정말 모든 것에 대한 피드백을 받았다. 디자인은 크게 우울감 해소방법을 크게 적고 날짜를 작게 적는 것과 우울감 해소방법을 작게 적고 날짜를 크게 적는 것 두 가지로 나눌 수 있었다.

그 안에서 세부적인 디자인을 달리하면서 6~10개 정도의 디자인 시안을 낼 수 있었다. 그중에서 우리는 날짜를 크게 넣고, 우울감 해소방법을 작게 넣는 방법을 선택했다. 왜냐하면 원래의 다이어리 목적이 강한 디자인을 선택하기로 하였는데 다른 사람들에게 익숙한 디자인을 제공하고 싶었기 때문이다.

그렇게 선택한 디자인은 약 3가지 정도가 나왔는데 이 시안을 선택한 크기, 재질 등을 맞추어 프린트한 뒤 프로토타입을 돌려볼 수 있었다. 낱장으로 한 장씩 학교 친구들에게 나누어 주었는데 그냥 무난하다는 평가가 가장 많았다. 그렇기에 따로 구매하여 사용할 것 같지 않다고 덧붙이는 친구도 있었다.

이러한 피드백을 받은 우리는 과연 이것이 '디자인에 대한 문제인가? 구상한 솔루션에 대한 문제인가?'를 고민하게 되었다. 물론 디자인의 영향도 있었겠지만, 다이어리와 일력 안에 우울감 해소방법을 넣는 것 자체가 특별하지 못하기 때문에 특별한 무언가를 만든다는 것은 기대할 수 없었던 것으로 보인다.

이러한 고민을 하는 와중에 학교에서 진행하는 피드백 시간에 참

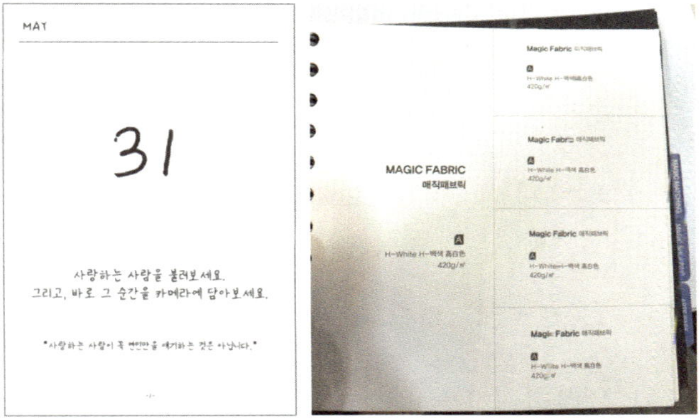

일력의 재질을 직접 살펴볼 때의 사진(좌)
프로토타입을 제작하기 위해 보았던 일력 디자인(우)

여하게 되었다. 선생님과 친구들이 함께 만나 서로의 프로젝트와 솔루션에 대하여 피드백을 주고받는 시간이다. 이 과정에서 우리는 매우 충격적인 피드백을 받았다. 우리가 내놓은 솔루션은 '우울감 해소방법을 알려주는 다이어리'가 아닌 '그냥 다이어리' 같다는 것이다.

소비자 입장에서 우리의 솔루션을 구매하는 사람은 다이어리를 사는 것일까? 우울감 해소방법을 알려주는 다이어리를 사는 것인가?에 대한 고민을 해보라는 조언도 있었다. 이 질문을 받자 '그러게… 그냥 다이어리네…. 차별점이 딱히 없다.'라는 생각이 머리를 스쳐 가슴까지 팍 와 닿았다. 이러한 생각은 우울감 해소방법을 알려줘야 한다는 생각을 하고 있던 우리 워크인 팀 전체에 큰 충격으로 다가왔고 이는 솔루션을 교체해야 한다는 압박감으로 이어졌다. _글: 키위

재미없는 보드게임 문제다

그렇게 일력, 다이어리를 버리고 워크인에서 나왔던 아이디어 중에 보드게임이 있다는 것을 기억하고 곧바로 보드게임을 기획하기로 하였다.

가장 먼저 카드만 있는 보드게임을 제작할 것인지, 판과 게임 말을 넣는 보드게임을 제작할 것인지를 결정해야 했다. 팀원들과 깊은 토의 끝에 판과 게임 말을 함께 제작할 때 단가도 높아지고 포장하기에도 어려워질 것 같아 카드로만 구성된 보드게임 즉 카드게임을 제작하기로 하였다.

처음에는 정육각형 모양의 카드로 구성된 카드게임을 기획했다. 카드들이 벌집 모양으로 넓게 펼쳐져 있고 거기에 쓰여 있는 우울감 해소방법을 직접 해본 경험이 있다면 그 경험을 말하고 땅을 차지하는 게임이었다.

'첫 기획부터 이렇게 잘 될 수 있을까?'라는 생각이 들 정도로 마음에 들었다. 이 역시 프로토타입을 돌렸는데 반응도 꽤 괜찮았다. 그렇게 '출시해야겠다!'라는 마음을 먹고 마지막 테스트로 보드게임 산업에서 종사하신 전문가를 만나 피드백을 받았다.

전문가의 피드백은 우리의 기대를 완전히 저버렸다. 전혀 예상하지 못한 피드백이 거침없이 쏟아져 나왔다. 큰 갈래로 약 20개의 피드백을 받았는데 제일 큰 문제점으로 지적된 것은 '게임 시간이 너무 길고, 게임 진행이 너무 잔잔하다.'는 거였다.

가장 비수가 꽂혔던 말은 "그래도 게임인데 너무 재미 요소가 없어요…."라는 말이었다. 이런 충격을 안고 우리는 전문가 피드백을 바탕으로 대대적인 게임규칙 수정을 시작했다.

우선 육각형의 게임카드는 비싸다는 말을 들어 원형 모양으로 수정하기로 하였고, 그다음은 게임 시간을 줄이고, 재미를 늘리기 위해 게임 규칙을 다시 수정하기로 했다.

게임 규칙은 조금만 손봐도 될 것 같았는데, 규칙 하나를 수정하면 이와 연관된 규칙을 수정하게 되고, 이런 과정을 계속하다 보니 결국 새로운 기획을 하기도 하고 이를 반복하면서 약 20번의 수정과 프로토타입 돌리기를 반복하게 되었다.

땅따먹기와 비슷한 룰로 보드게임을 제작하여 친구들에게 프로토타입을 배포한 것(상)
보드게임 전문가를 찾아가 조언을 받는 모습(하)

그렇게 2~3달이 지나가자 결국 이러다가는 시간이 지체될 것 같다는 생각에 마음에 딱 들지 않더라도 게임의 규칙을 정해서 완성도를 높여가며 게임을 출시하기로 하였다. _ 글: 키위

거듭된 실패, 단점을 보완하자

미지근한 반응

다이어리, 일력 등 여러 솔루션을 접고 보드게임으로 우리의 솔루션을 선회했다. 청소년에게 접근성이 높고, 여러 명이 함께 하며, 재밌게 플레이하고, 다시 플레이할 수 있는 것이 바로 보드게임이었다. 보드게임 〈소복〉이 만들어지기까지 아주 많은 좌절과 실패가 있었다.

첫 번째로 만든 버전은 본인의 우울감에 대해 집중하는 것이었다. 내가 어떤 것으로 우울해하는지 바로 알고 이를 해결하는 방법을 찾아가게 하는 방식이었다. 그래서 '어떤 것이 당신을 우울하게 하나요?'와 같은 질문들을 생성하였고, 이에 대한 대답을 돌아가면서 하는 식의 우울감 해소 보드게임이었다.

이 당시에는 방학기간이었기 때문에 각자 친구들을 데리고 온라인으로 프로토타입을 돌렸다. 총 5명 정도의 친구들에게 프로토타입을 돌릴 수 있었다.

이들은 생각보다 미적지근한 반응이었다. 딱히 재밌어 보이지도 않았고, 그렇다고 심경의 변화가 있는 것 같지도 않았다. 돌아오는 피드백은 '생각보다 괜찮네, 이런 거 어떻게 만들었어?'가 다였다. 확실히 일반 학교 다니는 친구들에게는 우리가 만드는 카드게임이 그냥 프로젝트로 한번 만들어 본 보드게임이라고 여기는 듯했다. 그 정도로만 생각하는 게 너무 아쉽고 또 아쉬웠다.

그리고 '게임'인데 재미가 없다는 것. '친한 사람들끼리 진행해도 그렇구나.' 하고 넘어가는 게 다반사였다. 우리는 그런 걸 원한 것이 아니었다. 사람들의 우울을 건드리고 그 우울로 인해 다시 본인이 해결할 수 있는 길을 찾게 만드는 것을 원했다.

그렇게 만들고 싶었지만, 그렇게 만들기에는 설계가 너무 부족했다. 설명서대로 진행하지 않은 것도 결국 우리가 설명서를 제대로 만들지 않았기 때문이고, 원하는 반응을 끌어내지 못한 것도 우리의 가치를 보드게임에 제대로 담지 못했기 때문이라고 반성했다.

첫 번째 좌절 후 좀 더 명확하고 세세한 설계가 필요하다는 것을 깨달았다. 그저 앉아서 몇 번 고민하고 결정한다고 게임이 탄생하지 않았다. 많은 실패와 도전 속에서 게임이 생긴다는 것을 인지하지 못하고 있었다.

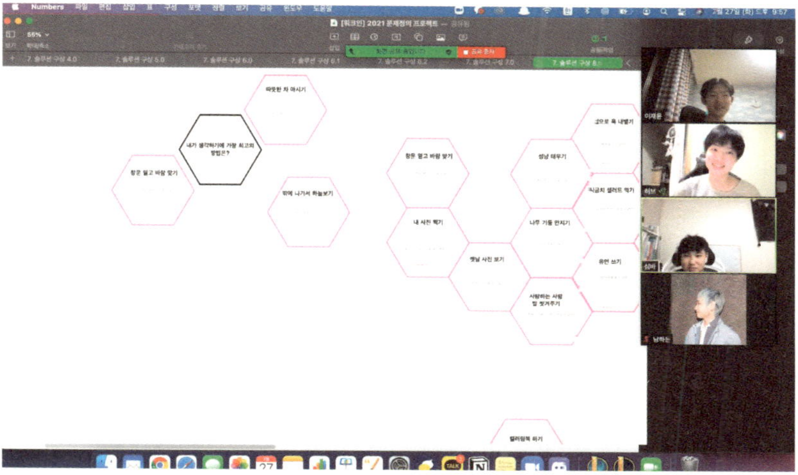

계속된 피드백으로 게임을 고치는 가운데 코로나가 심해져 온라인으로 수업이 전환되어 프로토타입도 줌으로 플레이하여 온라인으로 피드백을 받는 모습이다.

어쩌면 정말 대충 넘어가려고 한 것일지도 모른다. 프로토타입을 돌리고 피드백을 받으면서 보드게임의 문제점과 동시에 우리의 문제도 찾아낼 수 있었다. 그렇게 첫 번째 버전은 막을 내렸다.

_ 글: 훌라

게임인데 재미가 없는 교육용 질문 카드

자신의 우울감 탐구를 하는 첫 번째 버전이 모두 수포로 되었다. 우리는 다시 시작해야 했다. 이제는 우울감 '탐구'가 아니라 우울감 '해소'에 집중하기로 했다. 설문을 돌렸다. 우울을 해소하지 못하는 이유를 알기 위해 간단한 설문을 돌렸다.

여기서 우리는 새로운 것을 찾을 수 있었다. 바로 우울을 해소하지 못하는 이유가 '방법을 몰라서'였던 것. 그렇다고 우울을 해소하는 방법이 없는 건가? 그건 아니었다. 정말 단순하게 보는 것만으로도, 살아가는 것만으로도 우울이 해소될 수 있었다. 하지만 이렇게 많은 우울감 해소방법들 사이에서 어떻게 우울을 해소하는지를 모른다는 것이다. 우리는 우울을 해소하는 방법을 우리만의 방식으로 표현하기로 하였다.

우울을 표현하는 것만으로도 일상 속에서 놓치고 있었던 행복을 찾을 수도 있겠다는 생각에서였다. 하지만 우울의 기준을 어디에 두고 표현해야 할지, 그리고 어떤 방법으로 해소해야 할지, 고민되었다. 그래서 과학적, 심리적 원리를 근거로 삼아 다섯 가지의 우울감 해소 원리를 찾아냈다. 직면하기, 신체 활동하기, 감각 사용하기 등등이다. 그리고 이에 따른 우울을 해소하는 방법 다시 말해 행복해지는 방법을 리스트업했다.

네 명이 아이디어를 짜냈다. 마치 뇌가 꽉 조여지고 있는 물 묻은 행주가 된 듯한 느낌이었다. 너무나 어려웠다. 단순한 반복작업을 하던 때가 그리웠다. 그래도 워크인의 이름을 걸고 약 300여 가지의 방법을 끈기를 가지고 찾았다.

그런데 이걸로 끝이 아니었다. 또 머리를 써야 했다. 어떻게 이 방법들을 통해 일상 속에서 놓치고 있던 행복을 알게 할 것인가? 고민의 연속이었다. 네 명, 아니 이젠 코칭 선생님까지 모여서 머리를 꽁꽁 싸매며 거의 일주일을 고민했다. 많은 레퍼런스를 참고했다. 우리가 흔히 아는 보드게임에서부터 심리 서적, 하다 하다 교과서까지 참고했다. 이 활동이 게임을 만들기 위해 도움이 가장 많이 된 활동이다.

교과서에서 결국 아이디어를 얻을 수 있었으니 말이다. 과학책에 땅따먹기 게임이 있었다. 육각형 모양으로 된 카드가 벌집 모양처럼 빼곡히 놓여있었다. 그 모형 안에는 다양한 과학 용어들이 적혀있었다. 그리고 그 용어를 설명하면, 땅따먹기하듯이 그 카드를 가질 수 있는 게임이었다. 우리의 보드게임에 적용하면 우리가 고민하는 것들이 쉽게 풀릴 수 있을 것이라는 판단이 들었다.

육각형 모양 안에 과학 개념 대신 우울감 해소방법을 넣으면 딱 맞을 것 같았다. 그리고 이 우울감 해소방법의 간단한 설명과 어떻게 하면 행복해지는지를 소개하면 이 방법들이 익숙해져 일상 속에서도 문득 생각날 수 있을 것으로 보였다.

수많은 시행착오 속에 두 번째 버전의 보드게임을 제작하였다. 보드게임을 완성하고 우린 뿌듯했다. 직접 플레이를 하면서도 즐

게임인데 재미없는 카드라는 말을 듣고 직접 게임을 하며 재미 요소를 넣는 과정.

거웠다.

애지중지 보드게임을 가지고 다음 스텝을 밟기 위해 보드게임 전문가와 미팅을 진행했다. 미래교실 네트워크에 계신 덮밥이라는 분이셨다. 아이디어를 얻는 것부터 제품을 제작하고 배송하기까지의 보드게임의 여정을 들었다. 우리가 걸어갈 길이라고 생각하니 설레었다. 하지만 돌아오는 우리 보드게임의 피드백은 지금까지의 감정을 모두 덮어버렸다.

앞에서 이런저런 피드백이 오가다가 본론이 나왔다. 게임은 게임다워야 한다는 것. 지금 우리가 만든 건 교육용 질문 카드에 가까웠다. 가끔 오고 가는 재치 있는 말들을 빼곤 정말 정적인 게임이었다. 그래도 다행인 것은 이 버전에서 게임 요소만 추가하면 된다는 점이었다. 이제는 버전을 계속 업그레이드시키는 일들이 시작되었다.

_ 글: 훌라

메시지가 상실된 게임

땅따먹기 게임에서 재미 요소를 추가하는 일은 그리 어렵지 않았다. 우리에게 익숙한 원 카드나 다른 보드게임에서 흔히 볼 수 있는 재미 요소를 참고하면 되는 일이었다. 카드 먹기, 게임 리셋하기, 카드 빼앗기 등을 추가했다. 그리고 땅따먹기 게임이라는 점을 살려 카드를 가져갈 때 뒤집으면 이러한 규칙이 설정되었다. 게임이 게임다워야 한다는 말에 우리는 사로잡혔다. 다시 게임규칙을 만든 후에 다시 끝없는 프로토타입을 돌릴 차례였다.

가장 먼저는 프로젝트 팀원이었다. 온라인으로 게임판을 만들고 플레이했다. 재밌었다. 그냥 게임을 하는 기분이었다. 이 말은 즉 조금씩 불안해지기 시작했다는 뜻이다. 이건 뭘 노리고 만든 게임이지? 라는 생각이 문득 스쳤다. 그래서 피드백을 더 받아보기로 하였다.

그래서 그다음 프로토타입은 오프라인으로 진행했다. 이를 위해 종이로 샘플카드를 직접 제작하였다. 손으로 만드는 것이 쉬운 일이 아니었지만 해야 할 일이었기에 모두 힘을 내서 카드를 완성하였다. 프로토타입 대상자는 주변에서 쉽게 찾을 수 있었다.

마침 방학도 끝나 오프라인으로 전환되었었기 때문에 망설임 없이 친구들을 모집했다. 그러고는 수도 없이 프로토타입을 진행했다. 오전에 시간 나는 사람 모여서 한번, 오후도 마찬가지로 시간 나는 사람 모여서 한번. 그렇게 한번 한번이 모이면서 소중한 피드백을 모았다. 프로토타입을 진행하면서 '설마… 설마… 또 엎진 않겠지?'라며 조마조마한 마음이었다.

들어오는 피드백 중 가장 큰 비중을 차지하고 있던 얘기는 '너무 게임에 치중된 것 같다.'는 것이다. 특히 '이 게임이 주는 메시지와 가치를 모르겠다.'는 말은 그간 우리의 고생이 눈앞에서 무너지는 기분이었다. 저번 덮밥 미팅 이후로 우리의 최대 과제는 '게임을 게임답게 만드는 것'이었다. 그래서 다양한 게임을 참고하여 재밌는 게임 요소 위주로 참고하였다. 우울감 해소방법에 집중하지 않아도 게임이 가능했다. 우울감 해소방법을 알려주는 것이 우리의 목적이었는데, 단순히 재미만을 위한 게임이 되었다. 앞이 막막했다.

게임을 처음부터 다시 만들기란 정말 쉬운 일이 아니었다. 거의

전문가 보드와 함께 프로젝트를 진행하며 게임의 문제점을 발견하는 과정

두 달간 붙잡고 늘어졌던 두 번째 버전 보드게임이었기 때문에 더욱 놓아주기 쉽지 않았다. 하지만 우리는 포기하지 않았다. 이미 많이 겪어온 시련이었다. 또한 아직 가야 할 길도 멀었다. 여기서 안 만들어졌다고 슬퍼하고 있을 시간은 없었다.

프로토타입을 진행하면서도 자잘한 게임규칙을 굉장히 많이 바꿨다. 정말 사소한 일을 바꿀 때도 있었고, 어떨 때는 큰 규칙을 변경할 때도 있었다. 중요한 건 포기하지 않는단 거였다. 물론 정말 포기하고 싶었을 때가 있었다. 보드게임을 정한 순간부터 잘못된 것이었을까?

우리는 실패할 예정이었을까? 이런 생각이 머릿속을 휘젓고 있을 때면 어김없이 '포기하지 말자.'라는 생각이 먼저 떠올랐다. 거꾸로 캠퍼스에서 워크인으로 함께 하면서 배운 점 중 가장 큰 점은 포기하지 않는다는 점이다. 워크인 전까지 제대로 된 결과물이 하나도 존재하지 않았던 나로서는 끝까지 한다는 것이 더 큰 의미였다. 그렇게 또 실패하였지만, 또 성장하였다. _ 글: 훌라

정성 들인 캐릭터를 버려야 하는 아픔을 딛고 다시 새롭게

워크인에 들어와서 디자이너로서 처음 받은 일거리가 바로 제품 디자인이었다. 막상 팀 안으로 들어오고 난 후엔 대부분 자료 서치나 검증이 이루어진 상태였다. 그리곤 솔루션인 보드게임의 룰을 만들고 있는 상태였기 때문에 게임에 대한 프로토타입을 돌리고 수정을 거치는 과정과 디자인을 함께 진행했다.

나는 보드게임이 최종 솔루션 중 하나로 나올 제품이었기 때문에 디자인이 매우 중요하다고 생각했다. 처음부터 막중한 임무를 받아 부담감이 많이 생겼다. 나중에 팔게 될 상황만 생각해봐도 사람들의 구매 욕구를 자극하는 요소 중 하나가 디자인이 될 가능성이 클 것으로 생각했다. 그래서 디자인에 대한 욕심이 많이 생겼고, 기본 스케치가 빠르게 진행되어도 구현시키는 과정에서 시간이 오래 걸렸다.

그 당시엔 소복의 게임 룰 안에 각각의 성격을 가진 동물 캐릭터들이 존재했다. 동물들은 자신의 성격에 따라 게임에 쓸 수 있는 능력치를 가지고 있었다. 그래서 어떤 동물을 뽑느냐에 따라 사용할 수 있는 능력이 정해졌는데 운이 없으면 페널티 같은 능력이 생길 수도 있었다. 게임 룰이 모두 정착되지 않았었지만, 동물 캐릭터와 각각의 성격(이 또한 전래동화 등의 이야기에서 따왔다.), 그에 따른 능력치가 부여되는 구성이 좋았다.

그래서 머릿속의 간단한 아이디어로 기본 스케치를 한 뒤 팀원들에게 1차 확인을 받고 OK 사인을 받은 캐릭터들부터 본격적으로 디자인했다. 하지만 생각보다 동물 하나를 만들어내는 데 드리는 시간이 길었다.

학교에 와서 오전 오후 내내 동물 캐릭터를 그리는 것으로 모든 시간을 보내기도 했다. 그렇다 보니 내가 쓸데없는 디테일까지 신경 쓰며 에너지를 쏟고 있는 것이 아닌지 걱정도 생겼다. 혼자서 끝나질 않으니 팀원들이 앱 사용법을 배워서 도와주기도 했다. 손이 느려 미안한 마음도 들었고, 내 속도에 대한 못마땅한 마음도 생겨났다.

여러 우여곡절 끝에 탄생한 동물들은 내 예상보다 더 잘 만들어졌고 볼수록 애정이 갔다. 그래서 욕심이 생겼고, '좀 더, 좀 더…' 하다 보니 워크인의 마스코트로 만들고 싶다는 마음, 여러 굿즈를 제작하면 좋겠다는 생각 등을 하게 되었다.

행복회로를 돌려 가며 이런저런 상상을 펼치기도 했다. 가장 애써 가며 만들어낸 디자인이라 사용하기 위해 게임 룰의 설득을 할 정도였다. 그러던 나에게 이게 웬일인가? 청천벽력과도 같은 말이 떨어

카드게임에 넣을 캐릭터를 직접 디자인하고 색상을 정한 뒤, 구체화하는 작업을 진행하는 과정의 모습이다. 위의 사진은 색 배열에 대한 과정이고, 아래 사진은 디자인 구현까지 완료되었던 캐릭터들이다.

졌다. 수정에 수정을 거듭하여 만들어낸 동물 캐릭터들을 모두 없애야 하는 상황이 온 것이다.

게임에 대한 사용자의 이해와 재미 요소를 위해 더 간단하고 단순한 룰을 만들어내야 했기 때문에 필요가 없어졌다. 나는 디자인을 다시 해야겠다는 말에 알겠다고 말은 했지만, 머리로도 이해했다고 했지만, 한동안 마음으로는 받아드리지 못했다.

그래서 전문가와 미팅을 하고 '안타깝지만… 다시 해야겠다!'는 말들에도 힘없이 웃으며 대답했지만, 속으로는 '어떻게든 살릴 순 없을까?'라는 마음으로 가득 차 있었다. 결국 동물들을 살려내려던 나의 노력은 실패했고 새롭게 바뀐 게임에 따라 디자인을 다시 할 수밖에 없었다.

그래서 디자인의 욕구가 떨어져 나태하게 겨우 움직이는데 빡빡한 스케줄이 나를 일으켰다. 새롭게 바뀐 게임과 룰, 워크인이 전달하려는 가치 등을 생각하여 다시 디자인을 시작했다. 이전과는 다르게 구상하고 구현하는 시간도 단축되었고 뭔가 후딱후딱 진행되는 감도 있었다. 그 결과 워크인만의 이모지들과 디자인으로 이루어진 현재의 〈소복〉이 나오게 되었다. _글: 나우

우울감은 소소한 행복이 약이다

소소한 행복 〈소복〉

우울감 해소방법을 알려줄 수 있는 여러 가지 방법 중 우리는 보드게임에 정착했다. 카드를 가지고 이야기를 나누면서 카드를 가져가는 땅따먹기 식의 게임, 게임판 위의 말을 이동하며 이기는 보드게임인 것이다.

이런 식의 보드게임을 통해 자신의 우울감을 되돌아봄과 동시에 공유하고, 이를 해결할 방법들을 게임에 참여한 사람들과 함께 찾을 수 있다고 생각했다. 그래서 게임규칙을 만들어보기로 한 후 땅따먹기 식으로 카드를 여러 장 펼친 후 자신이 가져갈 수 있는 조건을 갖는 규칙을 설정해 구체화했다.

이런 과정들 그리고 여러 시제품과 피드백을 반복의 반복을 가해 게임에 참여한 사람들이 행복해질 방법을 도색했다. 오늘의 보드게임 〈소복〉은 그렇게 탄생했다.

〈소복〉은 소소한 행복이라는 뜻으로 소소한 행복을 느낄 방법들이 94가지 담겨있는 카드 게임이다. 소소한 행복을 알려주는 94가지의 방법을 찾아내면서도 많은 시행착오가 있었다. 먼저 300가지의 우울감 해소방법을 팀 내에서 학습한 심리학적 원리에 따라 도출해냈다. 그리고 이를 심리 전문가의 자문받으며 94가지로 줄여나갔다.

이렇게 만들어진 우울감 해소방법에는 햇빛 보기, 몸에 바디로션 바르기와 같은 감각을 통해 우울감을 잊게 해주는 것과 하루 3번 이상 감사한 일 표현하기 같은 내 삶의 소중함을 다시 느끼게 해줄 방법들이 담겨있다. 이런 방법이 담겨있는 이 게임도 여러 번의 시제품 테스트, 피드백을 반복하며 만들어졌다.

〈소복〉의 규칙을 소개하자면 행복해지는 방법이 담긴 카드를 나눠 갖는다. 그 이후엔 질문이 담긴 카드를 한 장 뽑아 다 함께 질문을 확인한다. 그 질문에 어울리는 카드를 모두 한 장씩 낸다. 그리고 왜 이 카드가 행복해지는 이유라고 생각했는지 답하면서 게임이 진행된다. 그렇게 게임을 진행하다 가장 먼저 모든 카드를 내려놓은 사람이 우승하는 것이다.

예를 들어 뽑은 질문 카드가 내가 우울할 때 하는 방법은? 이라면 각자 자신이 우울할 때 자신이 가진 카드에 담긴 행동 중, 어떤 행동을 할 것 같은지 내면 된다. 이렇게 진행된 게임은 약 20~30분 정도에 마무리한다.

게임을 만들면서 가장 중점을 둔 부분은 게임을 통해 우울감 해소 방법을 알게 된다. 뭔가를 알려줄 때 가장 효과적인 방법이 무엇일지 생각해보고 효과적이면서도 지루하지 않은 게임을 만들기 위해 노력했다.

그래서 내린 결론은 여러 번 카드를 보게 하고, 말하게 하거나, 이 카드를 더 생각하게 한다면, 방법을 익히는 데에 효과적일 것 같다고 판단했다. 그래서 모두가 최대한 많은 카드를 볼 수 있도록 한 질문 당 모든 참여자가 자신의 카드를 내게 했다.

그러면 다른 사람의 카드도 매번 확인할 수 있으니 더 많은 카드를 자주 볼 수 있기 때문이다. 그리고 자신이 이 카드를 왜 골랐는지 말할 때 더 생각할 수 있으면 좋겠다고 생각했다. 그래서 왜 이 카드를 질문의 답으로 골랐는지, 거기에 적힌 행복해지는 방법이 어떤 이유로 행복해질 것 같은지를 말하도록 설정했다.

이런 규칙을 통해 카드 내용을 읽고 게임을 진행할 때마다 자신이 좋아하는 행복해지는 방법을 말하고 공유하며 우울감을 해소하는 데에 도움을 줄 수 있을 것이다. _글: 재니

개개인의 성향을 고려한 우울감 해소방법 〈소복〉

이렇게 만들어진 소복은 단순한 카드게임이라고는 할 수 없다. 이는 우울감이 찾아오거나 지속적 우울감으로 인해 힘든 사람에게 우울감을 덜어낼 수 있는 도구가 될 수 있기 때문이다.

실제로 여러 번의 시제품 테스트를 하며 나 또한 이 게임을 수도 없이 경험했다. 처음엔 카드게임치고 너무 이론적인 내용을 담고 있는 건 아닌지 고민했다. 하지만 〈소복〉을 여러 번 경험한 이후엔 우리가 만든 〈소복〉이 도움이 될 수 있겠다고 확신할 수 있었다.

우리가 확신하게 된 이유에는 다른 친구들에게 시제품 테스트를 진행하면서였다. 테스트를 진행하며 의외로 많은 친구가 카드에 적힌 우울감 해소방법을 모르고 있다는 것을 알 수 있었다. 그래서 카드에 적힌 방법들을 보고 울적한 기분이 들어 따라 해보았을 때, 기분이 좀 나아지는 것 같다는 이야기를 들었다.

게임을 하는 동안에 머리를 식힐 수 있고 내가 질문 카드에 맞춰

낸 방법 카드가 말이 안 되거나 억지일 때 다시 돌려보낼 수 있다는 점, 방향을 바꾸거나 방법 카드를 먹이는 등 몇몇 변수가 있어 게임의 재미가 더 커진 것 같다는 이야기도 있었다. 추가로 완성도가 높아진 후 시중에 나온다면 구매하고 싶다는 친구들도 많았다.

이렇게 여러 번 진행한 시제품 테스트를 통해 받은 피드백을 반영해 수정한 카드게임이기에 어느 정도 검증되었다고 생각한다. 그리고 이 게임을 하면서 <소복>의 가장 좋은 점은 서로에게 그 사람에게 어울리는 우울감 해소방법을 알려준다는 점이다. 보통 질문 카드를 열면,

'00이 좋아할 것 같은 방법은?'

'00이 자주 할 것 같은 방법은?'

이런 식으로 질문이 적혀있다. 하나의 질문 카드를 열면 게임에 참여한 모두가 00에 대해 생각하며 그 사람에게 우울감 해소방법을 추천해주는 것이다.

이때 이 게임은 대부분 가까운 사이에서 진행되기 때문에 서로를 조금씩 알고 있다. 이렇게 서로를 알고 있기에 추천해주는 방법이 대부분 그 사람이 좋아할 만한 방법이 나온다. 이전 팀 내에서 게임을 진행할 때 질문 카드가 가리키는 대상이 내가 된 적이 있었다.

이때 다른 친구들이 낸 방법 카드가 모두 나에게 어울리는 것들이

었다. 그래서 많은 애정을 받는다는 기분이 들었다. 그리고 나 또한 누군가에게 카드를 골라줄 때 그 사람을 깊게 생각하며 카드를 고르면서 서로가 우울감을 해소하는 데 도움을 주는 것 같다고 느꼈다.

그리고 이전 우울감에 힘들어했던 친구와 이야기를 나누며 괜히 위로를 건네는 책들보다 직접적으로 우울감을 해소할 방법을 알려주고 게임을 통해 풀어나간다는 점이 더 나은 것 같다는 이야기를 들었다.

그래서 〈소복〉은 단순한 카드게임이 아니라고 생각하였다. 그리고 심한 우울감을 겪는 사람뿐만 아니라 조금의 우울을 지니고 살아가는 모든 사람에게 필요한 카드라고 생각한다. _글: 재니

최종 완성된 게임 소복의 모습(좌)
100여 가지의 우울감 해소방법을 알려주어 개개인에게 알맞는 방법을 직접 선택해 적용(우)

소소한 행복
94가지의 방법이 나오기까지

버킷리스트 작성하기, 혼자 서점가기, 하늘 20초 동안 올려다보기, 따뜻한 우유에 초콜릿 넣어먹기… .

이 모든 방법은 〈소복〉에 담긴 소소한 행복을 느낄 수 있게 만들어주는 방법들이다. 처음 우울감 해소방법을 알려주고 싶어, 어떤 방법들이 있을지 찾으려고 할 때 어떻게 찾아야 하는지조차 몰라서 정말 막막했다.

그런데 여러 기사와 책, 논문과 여러 심리학 원리들을 찾고, 읽고를 반복하면서 우울감 해소방법 300가지를 리스트업했다. 여러 방법을 리스트업하면서는 실제로 우울감이 해소되는지 직접 해본 방법들도 있었다.

처음에 내가 해본 것은 매일 이부자리 정리하기라는 방법을 실천해 보기였다. 아침마다 이부자리 정리하기를 한 일주일 정도 실천해보니 아침을 너무 급하지 않게 시작하는 느낌이 들어 좋았다. 이제

이부자리를 정리하는 것이 나의 아침 루틴이 된 것 같다. 이렇게 주변을 정리하는 게 스트레스나 우울감 해소에 도움이 되겠다고 깨닫게 해준 방법이었다.

그리고 '나에게 가장 중요한 것을 적어보기'라는 방법은 지금 당장 우울하든 우울하지 않든 모두가 실천해 보면 좋겠다는 생각이다. 시간이 남을 때 나에게 가장 중요한 것을 적어보는 시간을 가졌다.

생각보다 거창한 것들이 아닌 나에게 소중한 사람들, 일상에 녹아 있는 것들을 적게 되었다. 그리고 인지하지는 않았지만 나 스스로를 중요하게 생각한다는 것도 느꼈다. 그래서 지루하게만 느끼던 일상을 소중하다고 인식할 수 있는 계기가 되었다.

그렇다고 300가지의 방법이 모두 잘 맞는 것은 아니었다. 300가지 중에는 매운 음식 먹기라는 방법도 있었다. 사실 대개 사람이 스트레스를 받을 때 매운 걸 먹기 때문에 이 또한 '우울감 해소에 도움이 되는 방법이지 않을까?' 하고 추가했었다. 하지만 매운 음식을 잘 먹지 못하는 나로서는 오히려 더 힘들어지는 방법이었다.

이렇게 초반 300가지 방법에는 사람마다 맞지 않는 방법들도 있었고 다수의 사람이 좋아하는 방법이 있었다.

그래서 우리는 최대한 많은 사람에게 도움이 될 것 같은 방법들을 다시 추려내야 할 것 같다는 결론을 내렸다. 이후 심리에 대해 전문가이신 분들과 함께 확인하며 94가지로 줄여나갔다. 이때 어떤 방법에는 어떤 심리적인 원리가 들어가 있는지를 좀 더 자세히 알 수 있었다.

줄이는 과정에서 절반이 넘는 약 200가지의 방법이 삭제되어 아쉬웠다. 하지만 그 덕분에 현재 결과물인 <소복>을 보면 정말 필요한 94가지의 방법들만 남았다. 필요한 방법들만 남긴 이 카드게임이 필요한 사람들에게 도움이 될 수 있길 바란다. _글: 재니

3부

워크인으로 모인 우리들의 이야기

공통목표를 위해 친구에서 팀원으로

체계적인 워크인 관심에 맞는 역할 담당

우리는 보드를 통해 경영적인 시각과 실제 비즈니스가 실현되는 과정을 실감했다. 또한 이것을 워크인에 적용했다. 그저 학교에서 모여서 학생들끼리 하는 작은 프로젝트가 아니라 정말 창업을 하듯이 역할을 나누고 일을 하는 시스템을 만들었다.

4명의 팀원은 각자의 역할을 맡았다. 나는 리더 겸 총괄, 재니는 마케팅, 키위는 제작, 나우는 디자인. 각 부서의 팀장이 되었다고 할 수 있었다. 팀 내 공동목표 안에서 역할을 나누어 함께 목표로 달려나갔다.

'청소년 우울감 해소'라는 주제는 각자에게 다른 의욕을 불타오르게 했다. 그리고 각자의 역할을 잘 수행해야지 프로젝트가 굴러갔다. 개인이 해야 하는 일이지만 결국 이게 프로젝트의 전체적인 영향을 미쳤다. 서로 맞물려가는 톱니바퀴처럼 각자의 위치에서 역할을 해야 했다.

보드는 우리의 역할이 해야 하는 일들을 설명해주셨다. 나는 총괄이다. 말 그대로 모든 결정을 하는 최종 결정자의 역할에 있었다. 나는 프로젝트가 어디로 향하고 있고 장기적인, 단기적 계획은 무엇인지를 항상 염두에 두고 있었다. 팀원들보다 더 많고, 더 넓은 것을 보고 생각해둬야 했다. 마케팅을 맡은 재니는 팀 브랜딩과 홍보를 담당했다.

우리 팀이 어떻게 비쳐야 할까, 어떻게 더 많은 사람에게 홍보할까 등을 고민해야 했다. 그래서 나중에 인스타와 블로그를 오픈하고 운영하기도 했다. 제작 담당인 키위는 솔루션을 구상할 때 필요한

제작을 알아보고 관리하는 담당이었다.

그래서 사실 프로젝트 초반에는 가장 할 일이 없었다. 나중에 들어온 나우는 디자인을 담당하였다. 이렇게 실제 회사가 운영되듯이 각자의 역할과 수행할 업무 등을 나누었다.

이런 과정들은 우리의 마음가짐에 영향을 미쳤다. 정말 회사처럼 전문적으로 운영되지는 못했으나 나름 최선을 다한 것만으로도 더 굳은 마음가짐을 가지게 했다. 한마디로 책임감이 느껴졌다.

프로젝트를 성공시킨다는 책임감이 아니라 열정적으로 해야겠다는 책임감이었다. 초반에 이러한 팀 문화들을 만들어두었기 때문에 나중에 더 체계적으로 움직일 수 있었다. 더 나아가서 역할만 정하는 게 아니라 더 팀, 실리콘밸리의 팀장들을 읽고 팀 문화에 대해 학습하면서 이상적인 좋은 팀에 한 발짝 다가가는 계기를 만들었다.

_ 글: 훌라

친구지만 조직을 조직답게

드디어 팀이 만들어졌다. 각자의 역할도 정해졌다. 그렇게 끝인 줄 알았다. 회의할 땐 회의하고, 놀 땐 같이 놀고, 일할 땐 일하기만 하면 되는 줄 알았다. 사실은 그게 맞다. 그렇게만 하면 되지만 그게 어려웠다. 친구들과 일한다는 건 보통 단순한 일이 아니었다. 공과 사의 구분이 애매했다.

친구로 함께해왔기 때문에 오히려 팀원이라는 존재가 어색했다. 더군다나 제대로 된 팀을 꾸려서 일해 본 경험도 없었기 때문에 앞길이 막막했다. 회의 시간에 쓴 말을 못 했고 노는 시간과 일하는 시간의 구분이 명확하지 않았다. 이런 애매모호한 행동들은 곧바로 팀에 영향을 끼쳤다. 점점 삐걱대기 시작했다. 그래도 다행인 건 우리 모두 문제의식을 가졌다는 것이다. 하지만 어떻게 그걸 고쳐야 할지 모르는 것뿐이었다.

우리는 코칭선생님인 수선께 도움을 요청했다. 수선은 말없이 〈더 팀〉과 〈실리콘 밸리의 팀장들〉이라는 책을 추천했다. 더 팀은 '팀의 공동목표'에 관한 이야기를 하고 있었다. 팀에는 있고, 그룹에는 없는 것은 바로 공동목표라고. 그 목표에 따라 팀이 어떻게 움직일지, 어떤 걸 해야 할지가 달라진다. 조금 의아한 이야기였다.

우리의 목표는 당연하게 청소년의 우울감을 해소하는 것이라고 생각했다. 시간을 가지고 이에 대한 이야기를 해봤다. 정말 놀랍게도 모두가 생각하는 이 프로젝트의 목표가 달랐다. 심지어 나조차도 당연하도록 여겼던 목표가 달랐다. 어떤 친구는 이 프로젝트를 끝내는 것이 목표였다. 청소년 우울감에 공감하지 못했다는 이야기가 아니라, 이 프로젝트를 '성공적으로 끝내는 것이 더 의미 있다.'라고 보는 것이었다. 또 어떤 친구는 실제 시장에 내놓을 수 있는 제품을 제작하는 것이었다. 친구의 우울감을 해결하고 싶은 친구도 있었다. 그렇게 이야기를 하면서 우리의 공동목표를 조금씩 조금씩 수정해 왔다.

팀원들이 바라보는 목표가 같아지니 조금 더 단합력이 생기는 느낌이었다. 행동의 구체성과 창조적인 돌파구를 제시할 가능성이 커졌다. 이뿐 아니라 책에서는 일하기 좋은 환경을 조성하는 것도 중요하다고 말하였다. ‘일하기 좋은 환경’은 정말 우리가 정하기 나름이었다.

배달의 민족은 빈백에 누워서 일하고 회의를 할 수 있는 공간이 있다. 어떤 회사는 딱딱하고 정적인 회의 분위기를 추구해 평범한 사무실일 수도 있다. 또 수평 문화를 추구하느냐, 수직 문화를 추구하느냐에 따라서도 공간이 달라졌다.

우리는 우리만의 방식을 만들기로 했다. 일하는 시간에 부정적인 말 하지 않기, 쉬는 시간은 꼭 맞추기 등등 당연하게 있어야 하는 것 이외의 것들이 우리 워크인의 정체성을 나타내고 있었다.

회의할 때나, 공적인 이야기를 할 때나 각자가 생각하는 ‘좋은 대화’가 달랐다. 나는 빠르게 빠르게 진행하는 것을 좋아한다. 누군가가 질문을 하면, 그 정적을 잘 참지 못한다. 하지만 생각해야 하는 시간이 필요한 팀원이 있었다. 그래서 질문이 들어왔지만 생각해야 하는 시간이 필요하면 ‘나 잠깐 생각 좀 할게.’라고 말하기로 정하였다. 간단해 보이지만 부드러운 회의시간을 만들어내는 데 이바지한 규칙이었다.

또한 우리는 매주 팀 성찰도 진행하기로 하였다. 일주일 동안 팀

내에서 잘한 점, 못한 점, 개선할 점 등을 이야기하는 시간이다. 달에 두 번씩 1대 1 미팅도 진행하기로 하였다. 팀끼리의 시간을 만들면서 개개인의 친목에도 도움을 주었다.

한 달에 한 번씩은 친목을 위해 만나서 놀기(일종의 회식 같은), 우리만의 체크인(월월월!) 외치기 등. 이렇게 책을 읽고 규칙을 만들어 가는 과정이 워크인이 만들어지는 과정이었다. 그때부터 수차례 규칙이 바뀌었지만 바뀔 때마다 워크인의 색이 더 진해지고 있었다.

친구로 만나 팀원으로 일하고 어떨 땐 다시 친구로 돌아가는 방법을 워크인을 통해 배울 수 있었다. _ 글: 훌라

우물 안에서 우물 밖으로 나온 개구리

어느새 마지막 장을 쓰고 있다. 책으로도, 워크인으로도. 작년 10월부터 함께한 여정이 빠르게 지나가 어느새 끝을 바라보고 있다. 매 학기마다 지나온 학기를 되돌아보긴 하지만 지금 책을 쓰면서 워크인을 돌아보는 것은 또 다른 시도이다. 진짜 시작에서 생각해본 적은 없기 때문이다.

워크인의 시작에선 '내가 이 팀에서 무엇을 배울 수 있을까?', '우리 프로젝트는 성공적일까?' 등의 생각이 가득했다. 앞이 보이지 않는 불확실성 속에서 불안해했던 기억이 난다. 그때는 내가 학교 다닌 지 1년이 되는 시기였다. 하지만 그 시간을 허비했다고 생각했다.

제대로 진행된 프로젝트도 없고 나에 대한 자신도 없었다. 무엇보다 경험도 없었고 새로운 도전과 시도와는 거리가 먼 사람이었다. 정말 우물 안에 있는 개구리였다. 워크인이 나를 우물 밖으로 꺼내 줄 동아줄이 될 줄은 정말 상상도 하지 못했다.

워크인은 나에게 정말 많은 경험과 배움을 선사했다. 다양한 위치에 있는 다양한 사람을 만나는 것. 펀딩을 오픈하고 성공적으로 마친 것. 타겟층을 조사하고 그에 맞는 페르소나를 설정하는 것. 평생 읽은 책보다 많은 책을 읽은 것도 워크인이 아니었다면 평생 경험하지 못했을 것이다. 또한 워크인으로 인해 많이 변하기도 하였다. 내 단점을 들여다보는 것. 내 삶의 주도성을 가지고 살아가는 법. 기록의 소중함. 실무 관련 스킬 등 하나하나가 너무나도 큰 배움이었다.

또 예상하지 못했던 부분에서 도움을 주기도 했다. 워크인으로 '청소년 우울감'을 탐구하고 해결하려고 하지 않았다면 동생에게 사과하려는 시도조차 하지 않았을 것이다. 3년 넘게 묵혀 왔던 내 마음을 동생의 마음을 실타래 풀 듯이 풀어낼 수 있었다. 실들을 꼬여 있었지만 그걸 모른 체 살아왔었다. 하지만 워크인을 통해 그것이 잘못되었다는 걸 깨달았다.

어쩌면 그 사실을 모른 척 지나가고 싶었을 수도 있지만, 이제는 똑바로 마주해야 한다는 것을 안다. 동생의 우울이 차츰 멈춘 후 거의 금기시되었던 얘기를 다시 꺼낼 수 있었던 것도 결국 워크인 덕분이었다.

이 전까지 가족들이 동생의 우울을 어떻게 생각하는지 궁금한 적이 없었다. 그래서 동생의 행동을 더 이해할 수 없었다. '가족들이 저렇게나 힘쓰는데, 쟤는 왜 저럴까?'라고 생각했었다. 하지만 우울을 배우고 많은 우울한 청소년들을 만나면서 동생과 가족의 우울에 집중하게 되었고 그동안은 볼 수 없었던 새로운 시각을 가질 수 있었다.

이렇게 수많은 경험과 배움이 쌓여서 내 경험치가 되고 살아가는 이유가 되었다. 이제는 어딜 가도 제대로 배울 준비가 되었다. 제대로 살아갈 준비가 되었다. 19살의 끝자락, 20살의 시작에서 경험한 워크인은 너무나도 값진 배움이었다. _ 글: 훌라

3부 위키인으로 모인 우리들의 이야기

관찰을 통해 얻은 새로운 생각

'우울감 해소'는 우리를 하나로 뭉치게 했다

우울감 해소를 위해 뭉친 워크인. 이 말은 우리가 발표를 시작하며 우리를 소개하는 말이다. 이젠 이 말 외에 우리를 소개하는 말이 딱히 떠오르지 않는다. 처음에는 우리를 뭐라고 소개해야 할지 헷갈리고 늘 문구가 바뀌었다. 하지만 프로젝트를 진행하고 우울감에 대해 어떻게 해결할 수 있을지 고민하는 시간이 늘어나면서 점점 뚜렷해지기 시작했다. 그렇게 우린 우울감 해소를 위해 뭉쳐지기 시작했다.

우울감 해소라는 주제가 지금의 우리를 만들었다. 주제를 정할 때, 사실 관심이 없던 문제일 수도 있고, 자신이 원하는 주제가 아닐 수도 있다. 하지만 우리에게 우울감이란 다른 사람의 이야기가 아닌 우리들의 이야기다. 누군가에겐 자신의 우울감, 누군가에겐 가족의 우울감, 누군가에겐 친구의 우울감이라는 문제였기 때문에 팀원 모두 이에 공감했다.

그래서 우울감이라는 키워드가 나왔을 때 유독 모두가 끌렸던 것 같기도 하다. 그리고 모두가 공감하고 있다는 점, 다른 사람이 아닌 우리의 문제라는 점에서 우리를 하나로 뭉치게 해준 주제이다.

하지만 심리에 관한 이야기라 어떻게 해결하면 좋을지, 대략적인 해결책에 대한 감도 잡히지 않았지만 우선 해결해보자는 마음 하나로 뭉쳤던 것 같다. 우리가 팀을 이루었지만 처음부터 잘 맞는 팀은 아니었다.

서로 소통이 이루어지지 않거나 프로젝트에 대한 애정도 모두 조금씩 달랐다. 그런 우리를 바뀌게 만든 건 팀 문화였다. 팀 내 문제가 생길 때마다 그 문제를 어떻게 해결할 수 있을지 다 함께 고민하고, 다 함께 해결책을 찾아갔다.

초반에 있었던 문제로는 시간에 관한 문제였다. 시간을 지키지 않는다면 어떻게 해야 할까에 대해 이야기가 나왔고, 지각비를 걷기로 했다. 하지만 지각비를 걷는 건 벌을 통해 팀 문화를 만든다는 점이 오히려 팀 내 분위기를 안 좋게 만들었다.

모두 지각에 대해 기준이 달랐고 시간을 잘 지키자는 목적과는 달리 감정만 상했기 때문이다. 그래서 이 문제를 해결하기 위해 이야기했다. 논의 끝에 지각비 대신 칭찬을 하는 것으로 바꿔보자고 결론이 나왔고 이런 과정을 통해 문제를 해결하기 위해 노력했다. 팀

내 문제가 생기면 이렇게 함께 노력하는 문화는 우리를 지금까지 함께할 수 있게 만든 것 같다. _ 글: 재니

마케터로서 동분서주

프로젝트를 진행하며 마케터라는 역할을 맡았다. 팀을 알리는 방법에 대해 고민하는 역할이었다. 마케팅에 대한 경험이 전혀 없었기 때문에 우선 학습이 필요했다. 〈팔지 마라, 사게 하라〉, 〈마케터의 일〉, 〈여기에 당신의 욕망이 보인다〉, 〈트렌드 코리아 2021〉, 〈배민다움과 같이〉 마케팅 책을 몇 권 샀다.

책을 읽어나가면서 지루하고 재미없기보다 신기하고 재밌었다. 마케터라는 내 역할이 생겨서 그런지 워크인 내의 역할에 대한 책임감과 애정이 생겼다. 그래서 캐릿, 아이보스, 오픈애즈, 퍼블리 등 트렌드를 알 수 있거나 마케터들에게 도움이 되는 사이트도 여러 개 찾아보며 밤새 여러 정보를 얻었다.

이렇게 학습한 내용을 이제 워크인에 적용해야 했다. 워크인을 알리며 어떻게 보이고 싶은지를 정하기 위해 우선 브랜딩을 먼저 진행했다. 이 과정에서 내가 알게 된 브랜딩이란 크게 두 가지다. 회사를 나타내는 이름을 붙이는 것, 그리고 고객과 강력한 관계를 구축하는 것이다. 브랜딩을 하며 우리의 타겟은 누구인지, 우리가 전하고 싶은 가치는 무엇인지 등을 정했다. 이때 우리의 가치를 진지하게 생각해보는 시간이 되었다.

마케팅을 도와주시는 전문가 두콩께 많은 질문을 하며 도움을 받아나갔다. 이렇게 브랜딩을 하면서 가장 중요한 건 고객 중심이라는 것을 알게 되었다. 프로젝트를 진행하고 콘텐츠를 제작하면서도 진짜 고객이 원하는 건 뭔지, 보고 싶은 건 어떤 것일지 고민했다. 그리고 인스타그램을 운영하면서 지속적으로 콘텐츠를 제작하고 업로드했다. 하지만 시간이 지나면서 외부의 유입이 줄어들었다.

이를 해결하기 위해 여러 방안을 고민하다 어느 정도의 인지도가 있는 작가님과 협업을 제안했다. 이 외에도 새로운 콘텐츠를 만들기 위해 고민 중이다. 펀딩을 준비하면서는 홍보전략을 구상했다.

인스타그램에서 처음엔 팀을 알리기보단 타겟이 보고 싶어 하는 콘텐츠를 업로드해왔다. 그리고 펀딩을 시작하기 전에는 프로젝트에 대한 간단한 소개를 담은 콘텐츠들을 업로드하고, 펀딩 홍보 콘텐츠도 제작했다.

인스타그램 또는 네이버 광고도 두콩과 매주 미팅을 통해 알아갔다. 인스타그램 작가님과의 협업, 오픈 이벤트 진행을 구상하고, 광고 실행 이외에 다른 전략들은 실행할 수 있었다. 이렇게 콘텐츠를 제작하고 홍보전략을 구상하는 마케터의 역할을 경험하는 과정은 의미 있는 시간이었다.

그리고 이런 시간이 나를 변화시켰다. 우선 현재 발생하는 다양한 트렌드에 대해 눈여겨보게 되었다. 그리고 지나다니면서 보이는 카피 문구들이 눈에 들어왔고, 서점에 가서 눈에 띄는 책 제목들을 메모하기 시작했다. 그리고 팀을 알린다는 큰 목적을 지니고 있었기 때문에 우리 팀과 고객을 자주 생각하며 어떻게 더 잘할 수 있을지를 고민했고, 이 과정에서 내 역할에 대한 애정도 더 커졌다.

_ 글: 재니

도움이 되는 사람이 되고 싶다

이 프로젝트를 진행하면서 가장 크게 달라진 점은 주변 소중한 사람들의 감정이나 상태를 관찰하게 되었다는 점이다. 우선 프로젝트를 진행하며 매일 우울감을 생각하게 되었고, 우울감의 심각성을 실감하게 되면서 내 주변 사람들도 이런 힘듦을 갖고 있을지 살펴보게 되었다.

앞에서 쓴 글에 나오는 은유도 이 프로젝트 진행 중에 만나게 되었는데 이 프로젝트를 진행했기 때문에 더 고민을 들게 되고, 은유가 겪는 우울감의 힘든 정도를 알기 때문에 더욱 공감할 수 있었다.

읽었던 도서 중 <중2병이 아니라 우울증입니다>라는 책이 있다. 이 제목처럼 만약 청소년 우울감에 관심이 없었다면 '그게 그렇게 힘든가? 그냥 다들 그 정도는 힘들 텐데. 중2병 같다.'라고 생각했을 것 같다. 하지만 우울한 사람이 자신의 고민을 입 밖으로 꺼내기까지가 얼마나 힘든지 알게 되면서 공감할 수 있었다.

그리고 프로젝트 가장 초반에 우리의 타겟인 우울감을 겪는 청소년을 이해하기 위해 이 전에 우울증을 겪었던 사람을 만나 인터뷰를 진행한 경험이 있다. 이 경험이 나에겐 문제를 가장 공감하게 했다. 친구는 자신이 어떻게 우울감을 이겨냈는지 말하고, 우울에 관한 프로젝트를 진행 중인 우리에게 도움이 되고 싶다고 했다.

자신의 우울을 드러내고 싶어 하는 사람이 적어 인터뷰를 잡기가 어려웠는데 친구의 도움으로 인터뷰를 진행할 수 있었다. 인터뷰에서는 그 친구가 겪었던 우울감과 어떤 원인 때문에 우울했는지, 그

우울감을 해소하기 위해, 좀 더 나아지기 위해 어떤 과정을 겪었는지 등을 질문했다.

모든 질문에 최대한 열심히 답변을 해주려고 노력했다. 하지만 우울감을 이야기하며 예전 힘들었던 기억 때문인지 심리적으로 흔들려 하는 모습을 볼 수 있었고 우울을 겪을 땐 '정말 많이 힘들구나!'를 직접 느낄 수 있었다.

그리고 가장 기억에 남는 말은 시중에 나와 있는 어쭙잖은 위로를 전하려는 솔루션이 아닌 열심히 프로젝트를 해서 이런 고통을 겪는 친구들에게 도움이 되고 싶다는 마음을 더 가졌다. 그래서 '정말 도움이 되는 솔루션이라 좋다.'라는 평가를 받을 수 있도록 최선의 노력을 다했다.

그러다 보니 프로젝트를 진행하며 이전보다 우울이란 감정에 더 심각성을 느끼고 공감할 수 있었다. 그래서 내 주변 사람들이 이런 감정 때문에 힘들어하는지 관심을 가질 수 있었다. _글: 재니

한 단계 도약

어색함, 흔들림을 이기고 우울감 해소를 위해

2020년 3모듈이 끝난 방학이었다. 3모듈에 친하게 지냈던 각별, 그래, 노아, 혜성이는 코딩과 관련해서 팀을 꾸린다고 하였고, 나는 그 팀에 들어가고 싶었다. 하지만 나는 코딩을 못 한다는 점에서 내가 과연 코딩하고 싶은지, 잘할 수 있는지를 고민하다가 결단을 내리지 못하였고 결국 시간이 흘러 그냥 팀이 구성되고 말았다. 나만 떨어진 채로 말이다.

아직도 생생하게 기억이 난다. 친한 형 누나와 함께 카페에 있었고 나는 과제를 하고 있었다. 팀이 구성됐다는 소식을 듣고 나는 빠르게 나를 찾아보았다. '키위… 키위… 키.!' 나는 수선팀에 있었다. 수선은 무섭다는 소문이 종종 들리는 잘 모르는 코칭 선생님이었다. 그 다음으로는 팀원들이 눈에 들어왔다.

벨라, 이브, 재니, 홀라 모두 얼굴은 아는 친구들이었다. 벨라는

전에 친했지만 어떤 일인지 어색해진 친구였고, 이브는 전에 마니또에 걸린 적이 있는 친구였다. 또한 재니는 처음 입학했을 때인 2020년 1모듈에 같은 팀으로 프로젝트를 진행했던 경험이 있었다. 마지막으로 훌라는 접점은 없지만 워낙 활발한 친구라서 캠퍼스 안에서 지나가다 얼굴을 본 기억이 있었다. 팀을 보자 우선 겁이 났다.

나 혼자 남자였기 때문이다. 또 얼굴만 아는 것이지 친한 것이 아니므로 어색한 곳에서 유독 말을 못 하는 나는 시작하기 전부터 겁이 났다. 모듈 초반이었다. 정말 나는 쥐 죽은 듯 있었다. 진짜 죽은 듯이 있었다. 말을 걸어도 대답을 하지 않았으며 오로지 까딱까딱 목만을 움직였다. 재니와 훌라는 전 모듈에서 같은 팀이었다고 했다.

그래서 그런지 너무 시끄러웠다. 그 둘이서 나머지 우리 팀원 모두의 목소리를 합친 것만큼 크게, 많이 말했다. 하지만 나쁘지 않았다. 그냥 시끄러운 것이 아닌 이유가 있는 시끄러움이었기 때문이다. 우리가 어색한 것이 싫었는지 계속 나에게 말을 건네고, 장난도 쳐줬다. 덕분에 나는 웃기도 하고 점점 벽을 허물어갔다.

프로젝트는 순탄하게만 진행되지 않았다. 이브가 학교를 나가게 되면서 팀원 한 명 없이 프로젝트를 진행하기도 했으며, 주제가 바뀌기도 했다. 흔들리지 않았다고 하면 거짓말이다. 학교를 나간 뒤 친한 친구와 함께 옷 장사를 할지도 고민했었고, 팀원들도 19세라는 나이와 함께 진로를 고민하면서 삐걱거렸다.

이때 든든한 버팀목 역할을 해주신 것이 수선이었다. 수선은 우리 팀 한 명 한 명과 전화를 하시며 더 나은 팀을 만들고 결과물을 만들어가자고 설득을 해주셨다. 이러한 노력과 모두의 목표를 가지고 우리는 팀을 이어나가게 되었다.

새로운 모듈이 시작되자 모두 공감하고 애정을 가질 수 있는 새로운 주제를 찾기 위해 노력했다. 약 15가지 서로 관심 있는 주제를 리스트업하고 그것들에 대한 서로의 의견을 이야기했다. 그중 모든 친구가 청소년 우울감에 대한 주제에 공감하는 것을 느꼈다. 물론 개개인의 이유는 모두 달랐다. 자신, 친구, 가족 등…, 그렇게 우리는 청소년 우울감의 주제를 선정하고 주제를 좁히기 위한 과정을 거쳤다.

설문조사도 진행하고 인터뷰도 하면서 청소년들이 '우울감 해소방법'을 모른다는 것을 알았고, 청소년들에게 우울감 해소방법을 제공하기 위해 여러 가지 솔루션을 기획하게 되었다. _ 글: 키위

나를 바꿔준 '청소년 우울감 해소'

지금 바라본 과거의 나, 워크인에 들어오기 전의 나는 '나서기 좋아'하고, '자유분방'했으며, '승부욕'이 강했다. 이러한 각각의 특징은 물론 장점이 될 수 있지만 나의 특징은 하나로 겹쳐 나에게 악영향을 미쳤다. 나서기 좋아하며 자유분방한 것은 어떠한 지위를 맡고 있음에도 책임을 지지 못하고 모범이 되지 못했으며 자유분방하고 승부욕이 강한 것은 여러 사고를 일으키고 있었다.

또 나서기 좋아하고 승부욕이 강한 나는 화만 내는 나쁜 친구, 선배가 되어 있었다. 사람이 아니었다는 평가도 종종 받았다. 이렇게 사람이 아니었던 나는 프로젝트를 하는 종종 팀이 깨지고, 오래된 친구들이 떠나갔다. 그러자 나에게 회의감을 갖고 우울감을 느끼게 되었다.

그렇게 떠밀려 워크인에 들어오게 되었고, 나는 프로젝트 주제가 '청소년 우울감 해소방안 찾기'라는 것에 쉽게 동의할 수 있었다.

1년을 조금 넘게 우울감 해소방법을 알려주는 프로젝트를 진행하면서 나 스스로 우울감 해소방법을 익힐 수 있었다. 진로문제, 인간관계 등 여러 문제가 생길 때마다 해소방법을 복기해보았고 스스로 실천도 해보았다.

우울감 해소방법을 리스트업하면서 심리에 관한 책을 읽었다. 보다 전문성을 높이기 위해서였다. 이 심리서적에는 우울감을 해소하는 방법이 적혀있을 뿐만 아니라 여러 사람을 대하는 법, 팀을 이끄는 법 등이 함께 적혀있었다. 읽어나가면서 나 자신을 스스로 되돌아보는 시간을 가졌다. 동시에 심리상담 전문가를 만나가며 여러 조언을 들을 수 있었다.

그렇게 나의 잘못된 점을 깨달아가며 나를 조금씩 고쳐갔다. 목표를 잡으려고 하고, 주어진 일이 있다면 책임을 지고 수행하려고 했다. 자유분방한 모습은 스스로 틀에 가두어 개념 있게 행동하려고 노력했다. 최소한의 예의는 지키려고 노력했다.

그러자 주변에 변화가 생겼다. 사람들이 다시 모여들었다. 나 역시 우울감을 조금씩 떨치기 시작했다. 물론 몇몇 친구들과는 멀어지기도 했다. 하지만 지금 생각해보면 나에게 악영향을 주던 친구들이 멀어진 것으로 생각한다. 그리고 '아 우울하다'라는 말을 입에 달고 지내던 나는 어느새 '요즘 어떻게 지내?'라고 묻는 말에 자신감 있게 '나 완전히 잘 지내 대박이야!'라고 대답할 수 있었다.

그렇게 자신감이 넘치는 나날을 지내고 예전에 나를 담당하셨던 선생님을 만나게 되었다. 오랜만에 만나 처음 전해 들은 말은 '키위 요즘 사람 됐다더라?'였다. 그러자 처음에는 큰 충격을 받은 듯 계속 그 말이 머릿속을 맴돌았으나 점차 기분이 좋아졌다. '아, 내가 조금은 바뀌었구나' 사람들에게 도움을 주기 위해 시작한 프로젝트는 어느새 나를 바꾸고 나에게 도움을 주고 있었다. _ 글: 키위

화해, 한 단계 더 성장

그때는 왜인지 모르게 이상한 정의감에 빠져있었다. 정확히 말하면 내로남불이 더 맞는 말인 것 같다. 학교 친구들이 아닌 동네 친구들이었는데 친해진 지 약 2년 된 남자친구 한 명, 여자친구 한 명과 관계가 소원해진 상태였다. 코로나 시국에 계속해서 놀러 다니며 마스크를 쓰지 않는 친구가 한심해 보였으며 일베처럼 노는 친구가 싫었다.

이 이유뿐만은 아니겠지만 위 두 가지 이유로 친구들과 순식간에 멀어지게 되었다. 싸운 것도 아니었다. 그저 내가 일방적으로 화내고 일방적으로 연락을 끊어버렸다. 한 1년은 아무 생각 없이 잘 지낼 수 있었다. 내가 잘못한 것이 없다고 생각했으며 학교생활에 그 친구들을 생각할 겨를도 없었다.

하지만 이번 프로젝트를 진행하고 심리상담 전문가를 만나면서 무언가 잘못되었다는 것을 느꼈다. 우울감 해소방법을 조금 더 자세히 알아보고 직접 체험하면서 팀과 대화하기 위해 심리상담 수업을 받았다.

심리상담 전문가님은 수업 중에 우리에게 '내가 가장 행복해했던 순간', '기억에 남는 순간' 등 과거를 회상할 기회를 자주 주셨다. 그런데 그때마다 내가 쓰는, 그리는 상황은 그 친구들과 함께 놀던 순간들이 대부분이었다.

그러자 스스로 되묻기 시작했다. '왜 내가 그 친구들과 싸웠지?', '아니지 내가 일방적으로 화를 냈던 거지' 그렇게 친구들에 대한 고민이 시작되면서 옛날에 그 친구들과 함께했던 시간과 웃음, 그리고 그 친구들을 그리워하게 되었고 후회했다.

사실 그때의 나와 친구들의 상황은 그리 다르지 않았으며 그저 친구들에게 화낼 명분이 필요해 그런 이유를 찾았던 것이라는 생각이 들었다. 이러한 생각이 들자 먼저 친구들에게 사과하고 싶어졌다. 차마 화해하자는 말을 하기에는 갑자기 친구들에게 하려고 하는 것 같아 내가 뻔뻔한 것처럼 느껴졌다.

그래서 나를 도와줄 다른 친구들에게 이 상황을 전하고 사과하고 싶다는 의사를 비쳤다. 그런데 그 다른 친구들이 하는 말은 "그 친구들이 화가 많이 나있다."였다. 나는 때를 기다려야 했다.

그렇게 기다리는 시간은 너무나 길었다. 하루에도 2~3번씩 생각이 났으며 괜히 프로필 사진에도 계속 들어가 보고 친구들의 근황을 살펴보곤 했다. 이 기간 심리상담 수업도 큰 도움이 되었다. 마음의 짐을 가지고 있던 이 사실을 전문가님께 말씀드렸다. 전문가님은 용기 내어 사과를 전달하라고, 기다려 보라고 조언을 해주셨다. 때를

잘 기다리고 주변 친구들의 도움으로 친구에게 사과하고 다시 화해할 수 있었다.

심리상담에서 배운 내용을 인용해보자면 우울감은 당연하며 이를 느끼고 극복하려고 노력한다면 한 단계 더 성장할 수 있다. 이처럼 우울감 해소방법을 전달하는 프로젝트를 하면서 나를 다시 되돌아보고 이에 대해 우울감이 생겼으며 이를 바로잡아 더 나은 방향으로 나아갈 수 있었던 것 같다. _ 글: 키위

늦게라도 합류할 수 있어 좋았다

'청소년 우울감'에 공감했다

나는 처음부터 워크인과 함께 해온 팀원이 아니었다. 이전까지 나 또한 다른 팀에 소속되어 있던 학생이었다. 하지만, 불가피하게 팀이 해체되었고 이후의 방향을 정하던 중 지속해서 관심을 두고 있던 워크인에 인원 모집 글이 떴다.

평소에도 우울감은 언제나 함께 하는 존재였기에 '청소년 우울감'을 주제로 프로젝트를 진행하는 워크인은 관심이 갈 수밖에 없었다. 청소년 우울감을 어떻게 풀어내고 있는지, 어떻게 주제로 선정하게 되었는지 등 궁금증도 많이 생겼다. 나도 모르게 동질감도 생기는 듯했다. 마침 모집을 한다던 글에서는 팀 내의 디자이너를 구한다는 내용이 적혀있었다.

나는 영상 외의 관심 분야였던 디자인을 할 수 있는 환경이 주어졌다는 것에 지원하기로 했다. 이전까지 여러 번 디자인 수업을 받고 공부를 해온 시간도 있었고, 개인적으로도 디자인에 재미를 붙이던 중이었다. 그래서 내가 가진 역량을 펼쳐볼 기회라는 생각이 들었다.

동시에 가장 공감하던 우울감의 주제를 팀에 합류하여 함께 풀어낼 수 있을 것이라는 기대가 생겼다. 그리곤 우울감을 이미 가진 입장에서 만들어내는 디자인은 워크인에 도움이 되리라 어느 정도 자신했다. 이를 바탕으로 디자인적 역량을 갖고 있다는 점과 청소년 우울감을 공감한다는 점 두 가지를 중점으로 어필했다.

워크인에 들어가는 과정에서 나는 워크인에 들어가게 되었다면 그 이후에 어떨지를 상상했다. 우울감을 겪어보면서 완전히 해소되는 것이 아니라 함께 가지고 가는 것이라는 점을 깨달았다. 그리고 우울감에 완전히 잠식되어 빠져나올 수도 없는 늪에 들어가지만 않도록 중간중간 해소해야 하는 것을 경험했다.

그래서 우울감 해소방법을 알려준다는 워크인에 들어가면 나 또한 그 방법들에 영향을 받을 수 있을 것 같았다. 지금까지 해오고 알아온 방법들은 좋지 않은 작용을 할 때도 있었고, 한순간만 효과를 보기도 하는 등의 장단점이 있었기 때문이다.

이런 마음가짐으로 워크인에 들어가게 되었다. 공감한다는 건 정말 큰 힘이라는 생각도 문득 들었다. 그렇게 난 워크인의 팀원이 되

어, 워크인이 돌아가는 프로세스를 익히고 하나씩 적응해 나가는 시간을 보냈다. 그 속에서 새로운 난관에 부딪히기도 했고, 성취감을 느끼기도 했다. _글: 나우

또 하나의 행복을 찾았다

워크인에서 우울감 해소 솔루션으로 개발한 카드게임 <소복>을 디자인하면서 우울감이 생겼을 때 해볼 방법들이 정말 다양하다는 것을 알 수 있었다. 그동안 난 우울이 찾아올 때마다 드라마나 영화 보기, 자기, 맛난 음식 먹기 정도가 다였기 때문이다. 더 생각해내기도 어려웠다. 집 안에서 금방 할 방법들이 그것밖에 없다고 생각했다.

다른 건 도움이 될 수도 있을 것이라는 생각을 한 번도 해보지 못했다. 그런데 팀원들이 만들어낸 300여 가지의 방법들을 보았을 땐 '내가 얼마나 세상을 좁게만 보고 있었나?'라는 생각까지 들게 했다.

우울감 해소방법은 이미 만들어진 상태에서 게임을 만들고, 디자인하여 상품으로 제작해내는 과정을 함께했다. 게임을 만들어내기 위해 대부분의 방법을 읽어보게 되었다. 신선한 방법도, 마음에 쏙 드는 방법도, 조금 꺼려질 법한 방법도. 정말 다양했다. 그래서 너무 좋았고, 방법들을 읽으면서 당장이라도 해보고 싶은 욕구가 올라왔다.

또 사고를 바꾸게 했던 경우도 있었다. 어떤 방법을 취하든 '일부러 시간을 내야 할까?'라는 생각이 들었다. 몸도 마음도 지친 나에게 시간을 내서라도 해야 하는지에 대한 무책임한 생각을 많이 했다.

하지만, 그렇게 생각했던 방법들이 300여 가지 안에 종종 보이다 보니 문득 깨달았다. 우울할 땐 '일부러' 해야 한다는 것이 아닌 '뭐라도' 해보게 되는 것이었다. 우울할 때조차 내가 아닌 다른 부분을 더 신경 쓴다는 사실에 좀 놀라기도 했다.

수많은 해소방법 중 내 마음을 취향 저격한 방법들은 여러 개가 있었다. 그중 3개를 꼽아보자면,

지구가 멸망한다면 먼저 할 일 상상해보기

따뜻한 우유에 초콜릿 넣어 먹기

멍 때리면서 볼펜 누르기였다.(기존에 내가 즐겨 하던 방법들을 제외하고 골라보았다.)

취향 저격당했던 이유는 3가지 방법 모두 귀여웠다… .

아니 내가 모두 할 것 같은 방법들이었기 때문이다. 각각의 방법에 들어있는 '상상', '초콜릿', '멍 때리기' 등의 키워드는 내가 좋아하

는 것들이기도 했다. 방법을 하는 나를 상상하고 있으면 벌써 기분이 느긋해지는 것 같았고 마음이 풀어지는 것 같았다. 또한, 굳이 우울한 순간이 아니어도 충분히 할 수 있고 금방 소확행을 할 방법이어서 고르게 되었다.

게임을 하면 내가 아닌 다른 상대방을 생각하면서 그런 방법들을 추천해준다는 것에 마음이 따뜻해지지만, 하지 않아도 가만히 읽어보면 재밌는 내용이 많아서 좋았다. 나에게 워크인 프로젝트는 또 하나의 행복을 안겨 주는 것 같았다. _ 글: 나우

더 일찍 알았으면 더 좋았을 해소방법들

우울감에 대한 내 생각은 여전히 남아있는 면이 있다. 한 번에 해소되는 것이 아닌 친구처럼 함께 삶을 살아가는 감정이라는 것이다. 어떤 방법을 사용하더라도 완전히 없애거나 해소하는 것은 불가능하다. 이 또한 하나의 감정이기도 하고, 쉬어야 한다는 마음의 간절 메시지기 때문이다. 다만, 그 감정을 속에 묻어두지 말고 사소한 방법 하나만이라도 시도해봐야 한다는 것을 배웠다. 또한, 크지 않은 방법 하나가 큰 위로가 될 수 있다는 사실을 알았다.

이는 나에게 큰 수확이었다. 내가 가진 하나의 틀을 깨뜨릴 수 있도록 도움이 되었기 때문이다. 전과 달리 나에게 문을 두드리고, 귀를 기울일 수 있는 사람이 되었다. 보통 사람들은 눈에 보이는 성과나 역량만을 보고 내면의 단단함이 얼마나 중요한지를 잊을 때가 있다. 그러다 내면이 무너졌을 때 사람은 썰물처럼 휩쓸려 한순간에 무너질 수 있다.

이 사실을 이제야 깨달은 것 같아 아쉽지만, 알기 전과 알고 난 후의 차이가 참 컸다. 그리고 그 사실을 깨닫게 되는 순간을 종종 경험하곤 한다. 그럴 때면 1년 전, 5년 전의 나와 달리 더욱 단단한 사람이 되어있음을 온몸으로 느낀다.

앞글에서 말했던 해소방법들을 통해서도, 다른 이들이 이 방법을 통해 얻을 소확행도, 내가 디자인하고 함께 제작한 제품이 다른 사람에게 줄 영향에 대해서도. 미팅하고 제작하고 제안하는 이 모든 과정이 과거보다 강한 나를 만들어주었다.

내가 느낀 좋은 기운과 영향력이 워크인의 〈소복〉&〈소다〉를 통해 함께 나눠질 수 있으면 좋겠다는 생각을 계속하게 된다. 그리고 점점 막바지를 달릴수록 더 생각이 많아지는 것 같다.

어느덧 워크인 안에서 끝 무렵에 도달하며 처음 들어오길 마음먹었을 때의 나를 떠올리게 된다. 그 당시 얻게 될 역량과 경험을 생각해보면 지금은 그보다 큰 배움을 얻어가는 것 같아 들어온 선택에 대한 만족감이 올라온다.

그리고 이 마음에 몇 퍼센트의 지분은 프로젝트의 본질에 있다. 단순히 처음부터 끝까지 진행하는 프로세스를 익히는 것 이상으로 내용이 중요하다는 것을 이번에 경험했다. 거꾸로캠퍼스를 나간

후에도, 사회생활을 할 때도, 더 이후에도 이 시간이 값졌음을 잊지 못할 것 같다. _글: 나우

| 추천사 |

수선(김선수)
거꾸로캠퍼스 코칭 교사

누군가는 행운이라고 말할지도 모르겠다.

인생에서 가장 빛날 시기이면서 누구보다도 가장 혼란스러운 시기를 맞이하고 있는 청소년기, 그 청소년 시절에 자신이 경험하는 우울에 대해 털어놓을 수 있고 그에 대해 고민하고 해결책을 말할 기회에 대해서 누군가는 행운이라고 말할지도 모르겠다. 그만큼 이들의 이야기는 특별하지 않다. 누구라도 할 수 있는 이야기이기 때문이다.

처음 청소년 우울감의 프로젝트를 진행한다고 이야기를 꺼냈을 때도 같은 생각이었다. 일상적인 이야기였고 그래서 뻔하게 다가왔다. 감기와 같은 우울을 경험해보지 않은 사람은 없기에 이들이 말하는 청소년 우울감은 그냥 주변에 떠도는 공기 같았다. 항상 주변에 있지만, 주변에 있다는 사실조차 잊고 살 정도로 익숙한 존재 말이다.

그런데 공기를 공부하면 할수록 공기의 중요성을 알아가는 것처럼 이들을 통해 청소년 우울감에 조금씩 다가갈수록 뻔한 이야기가 낯설고 새롭게 다가왔다. 일상적이라고 이야기했지만 그 일상이 마냥 평범한 일상은 아니었다. 누구나 경험하는 이야기지만 정작 그 이야기의 주인공은 누구나라고 할 수 없었다. 다른 누구도 아닌 청소년 자신이 말하는 청소년의 우울은 누구에게 해당하지만 아무나 할 수 없는 메시지였다.

이들은 프로젝트 과정에서 넓게 펼쳐진 풀밭에 숨어 있는 행운을 상징하는 네잎 클로버를 찾아다니지 않았다. 도리어 흔하게 널려있는 행복을 상징하는 세잎 클로버에 집중했다. 많은 사람이 네잎 클로버를 찾기 위해 세잎 클로버를 짓밟고 다닐 때 이들은 세잎 클로버를 차곡차곡 모아갔다.

주변 청소년들을 마주하면서 그들의 우울감을 듣고 함께 공감하던 시간과 많은 전문가와 같이 학습하면서 자신과 같은 청소년들의 우울감을 해소하기 위한 방법과 원리를 더해가는 기간 그리고 이에 대한 자신들만의 솔루션을 담아내는 그 장면까지 그 모든 순간에서 이들은 프로젝트를 통해 행복을 쌓아갔다.

그래서 이 프로젝트의 결과물은 결코 행운이라고 말할 수 없다. 다만 일 년이 넘는 기간 쌓아온 행복을 나누는 시간이라고 말할 수 있다. 〈괜찮아, 나만 그런 게 아니야〉를 통해 이들이 독자에게 전해주고 싶은 건 그들에 대한 위로와 그들이 쌓아가길 원하는 소소한 행복의 이야기이기 때문이다.

프로젝트 코칭 교사로서 이들이 프로젝트 기간 열심히 세잎 클로버를 모으는 일을 할 수 있었던 비결을 묻는다면 한순간의 고민도 없이 익숙함에 속아 소중함을 잃지 않기 위해 노력했기 때문이라고 말할 것이다. 그만큼 이들의 이야기는 매 순간이 소중하고 값진 순간이었다. 그리고 이제는 이들이 모아온 소중한 그것을 많은 이들과 나눌 시간이다.

누군가는 행운이라고 말할지도 모르겠다.
누군가는 행복이라고 느낄지도 모르겠다.

| 추천사 |

줄리(서은숙)
SES심리교육연구소 대표

우리는 마음속에 하나의 이야기를 품고 살아갈 때 살아갈 힘을 얻는다고 생각한다.

어린아이였을 때 부모님이 주신 말 한마디는 우리가 힘든 일이 있을 때 그 이야기를 꺼내어 견딜 수 있다. 그리고 엄마의 그 말이 희미해져 갈 때쯤 우리는 회색빛 하늘이 슬프고, 안개빛 내일이 무섭고, 소중한 친구의 무심함이 슬프고, 오지 않은 내일이 힘겹다.

그럴 때 엄마가 주신 이야기가 아닌, 내자신의 이야기 즉, 나만의 신화Myth를 품고 살아갈 수 있다면 살아가는 일이 마냥 힘들거나 회색빛이지 않고, 아주 종종 하늘을 올려다볼 이유가 되고, 작은 미소를 여러 번 지을 수 있는 삶을 살 수 있다.

이 책은 거꾸로캠퍼스에서 나우, 재니, 키위, 훌라 4명의 청소년이 워크인이라는 이름으로 만나서 쓴 성장 이야기이다. 조미료가 가미되지 않은 생생한 날 것 같은 그런, 그래서 투박한 듯 소소하게 전해오는 신화 같은 이야기는 4명의 청소년이 4개의 다른 컬러로 자신의 이야기를 조심스레 꺼내어 이게 나라고, 나도 아팠지만, 그래도 괜찮다고 얘기하고 있다. 그러니 너의 힘듦도 괜찮다고, 짜증 내도, 속상해도, 아파해도, 힘들다고 얘기해도 괜찮다고 말한다.

아직은 완전체이지 않은 설익은 과일처럼 보일지라도 아이들은 말한다. 우리는 동굴 같은 우울감을 보고 느껴봐서 치료하는 힘을 길렀고, 그래서 더 치열하게 살 수 있었다고, 짜증 내는 내 안의 나를 오롯이 봐 주기로 결정하고 우울감과 신남을 오가며 젊음의 이야기를 얘기하고, 자신을 누르고 있던 '우울'이라고 단어에 맞설 찬란한 놀잇감을 만들고 그 소소한 이야기를 썼다고 얘기하고 있다.

이 책 <괜찮아, 나만 그런 게 아니야>와 아이들의 결과물인 보드게임 '소복'도 아이들이 직접 씨를 골라 뿌리고, 거름 주고, 가꾸고, 이루어 냈다. 감사하게도 나는 전문가라는 이름으로 그 과정을 옆에서 지켜볼 수 있었고, '이게 어때? 저게 어때?' 하면서 내 특유의 친절함으로 슈퍼맨처럼 '짜잔~!' 도와주고 싶은 마음을 누르느라 나는 격

렬하게 힘들었다.

나는 잘 참아내면서 아이들과 다양한 것을 하면서 그저 잘 놀았다. 갈릴레오가 말한 것처럼 스스로 찾아내고 배우도록 도와주는 것에 충실하면서 말이다.

그래서 나는 확신한다. 아이들이 거꾸로캠퍼스에서 세팅해 준 최고의 삶의 무대 위에서 스스로 공부하고, 찾아내고, 생각하고, 헤매고, 돌아오고, 쓰러지고, 일어나고를 반복해서 만들어낸 용기 있는 결과물이기에 아이들 스스로 얼마나 뿌듯할지 말이다. 느껴도 괜찮다고, 말해도 괜찮다고, 그리고 성장해도 괜찮다고 신나게 한해를 살아온 것을 매주 지켜볼 수 있었던 순간은 내게 있어서도 젤리처럼 달콤한 시간이었다.

세상에서 가장 힘든 이야기는 자기 자신의 이야기를 꺼내는 것일 것이다. 그 이야기를 이 책을 통해 '툭'~꺼내고 아이들은 같이 놀자라며 '소복'이라는 게임을 무심한 듯 스~윽~ 건넨다.

이 책은 그런 책이다. 내게 놀자고 말을 거는 그런 책 말이다. 이제 아이들은 아이들 스스로 만든 자신의 이야기를 신화처럼 마음에 품고 살아갈 것이다. 자신들이 불태운 그 시간과 함께.

지금 이순간 우울하다면 당신은 '선택'을 할 수 있다.

상황을 바꿀 수는 없다.

그러나 행동은 선택할 수 있다.

이 책은 말하고 있다.

아주 작은 것부터 선택해서 시도해보는 것 그것이 시작이라고.

나는 독자에게 진심으로 이 책을 권한다.

누군가 내 이야기와 비슷한 이야기를 하면 우리는 그쪽으로 시선이 간다. 그리고 더 큰 공감이 된다. 왜냐면 그건 차마 꺼내지 못한 내 이야기와 같기 때문이다. 그리고 기다린다. 저 사람은 그때 어떤 선택을 했을까? 그리고 그의 결정이 나의 선택에 도움이 되는 경우가 종종 있다.

그들은 말한다. 난 우울했었고, 가끔은 지금도 우울하기도 하지만, 나와 나의 소중한 사람들이 힘들어하는 모습을 지켜보면서, 무언가 도움이 되고 싶었는데 뭘 해야 할지 몰랐었다고. 그리고 4인 4색으로 모여서 누군가에게 무엇인가 되고 싶었고 그 방법을 찾아 지난 1년간을 열심히 살아보았다고 얘기하고 있다.

이 책이 우울에서 자유로워지기로 결정하고 시작하는 독자의 최초 선택이 되기를 바란다.

〈소복〉 게임 구성품

질문카드(30장)

- 행복카드를 제시할 수 있는 질문이 적혀져 있는 카드입니다.
- 플레이어들이 대상이 되는 질문입니다
    - +1칸이면 다음 사람이 대상
    - +2칸이면 다음 다음 사람이 대상
    - -1칸이면 이전 사람이 대상

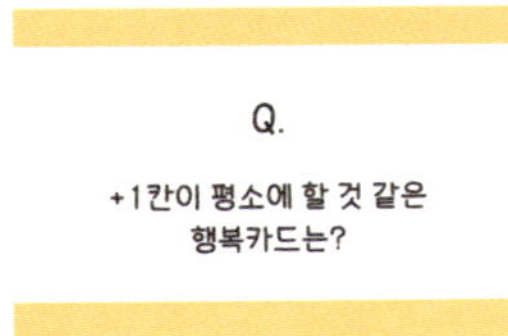

행복카드(100장)

- 질문카드에 따라 낼 수 있는 행복카드입니다. 행복카드 100장 중 히든카드인 방패카드 6장을 제외하고는 모두 방법이 적혀있는 카드입니다. 100장 중 26장에는 방향, 점프, 조커능력이 들어있습니다.

일반 행복카드 (68장)

- 행복해지는 방법이 적혀있음

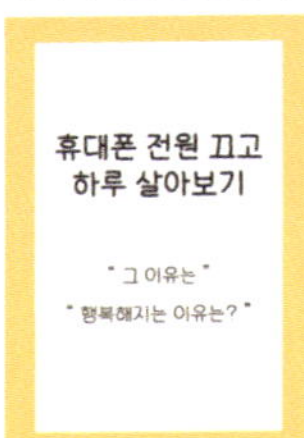

방패카드 (6장)

- 조커카드를 막고, 낼 수 있는 카드가 없을때

방향카드(5장)

- 게임 진행 방향을 반대로 바꿈

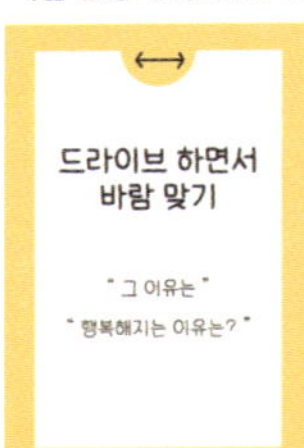

점프카드(5장)

- 다음 사람의 턴을 건너 뜀

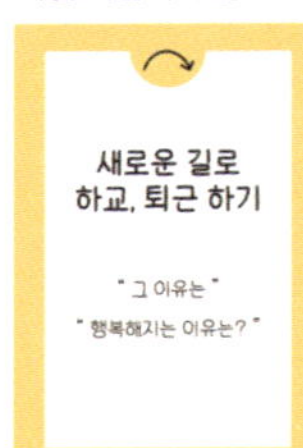

조커카드(16장)

- 위에 적힌 +수 만큼 행복카드를 먹음

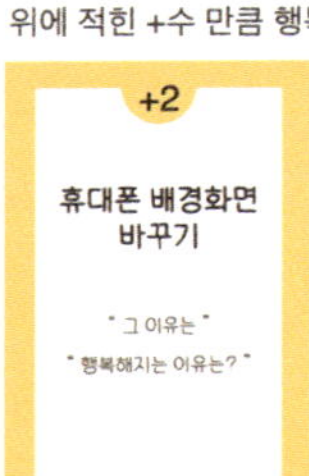

게임 설명 영상

〈소복〉 게임 설명서

◆ 게임 준비

1. 행복카드를 각자 4장씩 가져갑니다.
2. 남은 행복카드는 잘 섞어 뒤집고 바닥에 내려놓습니다.
3. 질문카드도 잘 섞어 뒤집고 바닥에 내려놓습니다.
4. 진행 순서를 정한 후 게임을 시작합니다.

◆ 게임 진행

1. 첫번째 순서인 사람이 바닥에 있는 질문카드를 모두가 볼 수 있도록 한 장 뒤집습니다.
2. 모든 플레이어가 뒤집은 질문카드를 보고 질문에 맞는 행복카드를 냅니다.
    - +1칸은 해당 순서인 사람의 다음 순서입니다. -1칸은 해당 순서인 사람의 이전 순서였던 사람을 가리킵니다.

3. 첫번째 사람부터 턴 순서대로 카드를 고른 이유와 행복해지는 과정을 설명합니다.
    - "내가 노래방에서 소리 지르기를 선택한 이유는 OO이(+1칸) 노래방을 자주가고 노래부르는 걸 좋아하기 때문이야. 노래방에서 소리를 지르면 스트레스도 없어지고 기분이 나아져서 행복해질 것 같아."
4. 모두 답을 했다면 질문카드의 대상자(+1칸)가 총평을 이야기합니다.
    - "나는 OO이가 낸 방법에 공감해." / "저건 억지인 것 같아."
    - 질문카드의 대상자(+1칸)가 카드를 다시 돌려보낼 수 있습니다. 돌려보내는 카드의 수는 제한이 없습니다.
5. 조커카드, 방향카드, 점프카드가 있는지 확인합니다.
    - 질문카드를 뒤집은 사람(해당 턴 순서)이 조커카드의 영향을 받습니다.
    - 방향카드와 점프카드가 동시에 있다면 턴 순서대로 차례씩 적용됩니다.

6. 방향, 점프, 조커카드 적용이 끝나면 다음 순서도 위와 같이 게임을 반복합니다.
7. 게임을 진행하며 손에 있는 행복카드를 가장 먼저 없앤 사람이 이깁니다.

소복 구매처

휴대폰 전원 끄고
하루 살아보기

" 그 이유는 "

" 행복해지는 이유는? "

인생을 돌아보는
일기나 그림
그리기

" 그 이유는 "

" 행복해지는 이유는? "

+2

휴대폰 배경화면
바꾸기

" 그 이유는 "

" 행복해지는 이유는? "

+2

노래방에서
소리 지르기

" 그 이유는 "

" 행복해지는 이유는? "